목 차

◈ 카드에 대한 전반적인 설명

❶ 각 카드마다 아래와 같이 2장의 카드(화혼카드, 황혼카드)가 배정되어 있다. 이렇게 두 장의 카드로 만든 것은 사람 또한 조화로운 상태일 때와 거칠게 돌변할 때의 활동이 다르듯이 신도 그러한 변화가 있을 때는 작용이 달라지므로 이것을 알기 쉽게 반영한 것이다.

   ◈ 화혼: 和魂(니기미타마)-신령의 정적인 상태에서의 다정하고 온화한 영력을 가리킨다.

   ◈ 황혼: 荒魂(아라미타마)-용맹한 반면, 거칠고 전투적, 때로는 사람에게 재앙을 미치는 영력이며 신의 분노를 가리킨다고도 한다.

❷ 특히 아마테라스오오미카미의 경우 가장 중요한 신으로 4장의 카드가 유일하게 배정되었다.

   ◈ 화혼: 和魂(니기미타마)-신령의 정적인 상태에서의 다정하고 온화한 영력을 가리킨다.

   ◈ 황혼: 荒魂(아라미타마)-용맹한 반면, 거칠고 전투적, 때로는 사람에게 재앙을 미치는 영력이며 신의 분노를 가리킨다고도 한다.

   ◈ 행혼: 幸魂(사키미타마)-사람에게 행복을 주는 영력을 가리킨다.

   ◈ 기혼: 奇魂(쿠시미타마)-신기한 힘을 가지고 일을 성취시키는 영력을 가리킨다.

❺ 소시지란 무엇인가?
카드 뒷면의 글자를 보면 『宀 + 神 + 主』를 조립하고, 한글로는 『소시지』로 읽는다. 또한 이 한자 한 글자는 『사랑 · 감사 · 조화』를 표현하고 있으며, 이 한자에는 불가사의한 힘이 있다고 하여 식물이 잘 자라고, 아픈 곳에 붙이면 통증이 사라지며 숙면을 도와준다고 한다.

❸ 우측 상단의 둥근 표시에는 신의 이름과 함께 오행을 색상으로 표현해 놓았고 세부 설명의 [오행과 상징 및 키워드]에 자세하게 풀이해 놓았다.

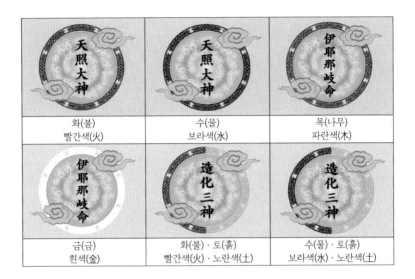

화(불) 빨간색(火)	수(물) 보라색(水)	목(나무) 파란색(木)
금(금) 흰색(金)	화(불)·토(흙) 빨간색(火)·노란색(土)	수(물)·토(흙) 보라색(水)·노란색(土)

❹ 신의 이름 중 "미코토"라는 말이 자주 표현된다. 이것은 신이나 천황 등 고귀한 사람에 대해 존경의 뜻을 표현해서 붙이는 말이라서 신의 이름이 길어지는 면이 있다는 점을 알려드린다.

예를 들어, '이자나키노미코토'는 '이자나키'라는 신의 존칭어인 셈이다.
'노' 글자는 신의 이름과 존칭어를 연결하는 역할을 한다.

이외에도 '히메'는 공주, '오오카미'는 큰 신(고귀한 신大神), '오오미카미'는 더욱 위대하고 큰 신을 상징하는 단어이다. 그렇기에 '오오미카미'는 '오오카미'보다 더 존경을 바치는 의미인 것이다.

이 카드에서는 '아마테라스오오미카미'만이 이 존칭어를 사용하며 미(御)는 존경의 뜻을 추가하는 말이다.

◆ 편역자 인사말

안녕하십니까?
'일본만신 오라클카드'를 구매해주신 모든 분들께 감사 인사드립니다.

한일 양국은 가깝고도 머나먼 사이 같습니다.
어느 부분, 고대로부터 같은 신화와 문화를 공유하면서도 아직은 제대로 알지 못하는 안개 속을 걷는 것 같을 때가 많습니다.

이해와 입장이 달라서 서로 함께 하지 못하는 사람의 이야기와는 달리 신들의 이야기 속에서는 시간과 공간을 초월해서 현재까지 전해져 오는 어떤 위대한 부분이 있다고 확신합니다.

그것은 사람의 역사를 이루게 하는 '지금'을 만들어 온 신들의 역사가 아닐까요?

이 카드를 보면서 선입견보다는 공감과 연결점 찾고 앞으로 사람들의 세상에 더 많은 이해와 평화가 오는 그런 꿈을 꾸고 싶습니다.

여러분들이 직접 카드 한 장 한 장 찾아보시면서 잃어버린 수수께끼와 보물찾기의 즐거움을 느껴보셨으면 합니다.

한국 만신 오라클카드가 세상에 발표된지 6년이 지났습니다.
많은 분들이 사랑해주셔서 이번 프로젝트 기획까지 가능했습니다.
앞으로도 많은 응원과 관심 부탁드립니다.
더불어 이번에 한국으로 '일본 만신' 작품을 오픈해주시고
다양한 자료를 준비해주신 코사카 선생님께 깊은 감사의 말씀을 드립니다.

2023년   어느 날   고 경 아

본 카드의 원래 제목인 '야오요로즈노 카미(八百万の神 そしじ 力ー)'라는 뜻은 팔백 만이라는 숫자 자체를 지칭하기 보다는 '매우 많다' 라는 뜻으로 해석하면 됩니다.

소시지 라는 것은 『宀 + 神 + 主』를 조립하고, 『소시지』로 읽으며 이 한자 한 글자는 『사랑·감사·조화』를 표현하고 있습니다.

세계 여러 나라에는 그 나라만의 신화가 있습니다. 일본에도 신화가 존재합니다. 서양에는 아담과 이브, 노아의 방주가 있고, 일본에는 『고사기(古事記)』가 있습니다.

고사기에는 모든 신들이 함께 힘을 합쳐 나라를 만들고 신을 만들어 지상을 통치한다는 이야기가 그려져 있습니다.

또한 여기에 등장하는 신들은 우리 인간처럼 오해와 질투 그리고 다양한 증오에 고민하면서 분노·고통·슬픔을 극복하고 일본을 만들었습니다. 그래서 세계에서 가장 오래오래이어지는 나라가 되었습니다.

그 경험은 현대 우리의 정신에 큰 영향을 미치고 거기에 일본인다움이 생겨나고 있습니다. 그러나, 현대 일본인은 이 고사기를 그다지 말하지 않습니다. 수천 년 동안 전해져 온 일본 신화가 사라지려고 합니다.

한 역사 학자가 이런 말을 했습니다. 『신화가 없어지면 그 나라는 100년 안에 멸망한다』고, 오키나와에 있는 신사의 한 구지(宮司 신사에서 제사 등을 관리하는 책임자)가 이런 말을 하였습니다. 『류큐왕조(琉球王朝 450년 이어진 일본 남서제도의 왕조)를 무너뜨린 일본에게 전쟁 책략에 당한 역사가 있는 오키나와 분들은 일본이 한번도 멸망한 적이 없고, 지금까지도 이어지고 있다는 말을 들으면 위화감을 느끼지 않나요? 오키나와에는 오키나와의 신화가 있습니다. 그 신화 속에 아마테라스가 오키나와에 강림하여 본토로 건너갔다는 이야기가 있습니다. 우리는 같은 신을 가진 일본인입니다.』하고 말하였습니다.

맞습니다, 같은 신을 가진 민족을 우리는 일본인이라고 부릅니다. 이처럼 사람을 이어준 것은 신화였습니다. 신화가 사라지고 약 70년. 신화가 완전히 사라지기 전에 일본 사람들은 다시금 『일본 신화·고사기』를 배웠으면 합니다.

그 일익을 담당하려고 만든 것이『야오요로즈노카미(八百万の神) ·소시지 카드』입니다.

단순한 오라클 카드에 그치지 않고 야오요로즈노카미(八百万の神)을 통해서 거기에 숨쉬는 신들의 영위와 정신을 그렸습니다.

『누가, 무슨 목적으로 만들었는지』
『신화를 통해서 무엇을 전하고 싶었는지』
『고사기는 우리 조상의 영위에 어떤 영향을 미쳤는지』
『그리고 그 정신을 이어받은 우리는 고사기를 통해서 무엇을 배워야 하는지』

고사기 편찬 1300년.
우리 조상이 소중히 간직해 온 정신이, 단절되는 것을 더 이상 두고 볼 수 없습니다.
그리고 사랑하는 아이들에게, 그리고 해외에서 방문하는 외국인 분들에게
당당하게 전했으면 합니다.
일본의 내력, 그리고 영위, 세계에게 가장 오래 이어가는 나라 일본 · 이제부터 그 수수께끼를 푸는 이야기를 시작합니다.

저자 코사카 타츠야(小坂達也)

◆ 운세 리딩

식물의 일생 빗대어 시각화한 표를 활용한 리딩 방법 입니다.

❾ 연애 만남 여행 발전·성장	❺ 표현 고백 인기운 예술	❼ 가정 자식 복 노력 부동산
❽ 일 가족 자립심 아이디어	1-1 감사 신뢰 섬세 미의식 1-2 동료 자제 전략 경쟁심	❸ 일 재물운 장사 취미
❹ 연구 꿈 이직·이사 상속	❻ 배움 미래 저축 크리에이터	❷ 승부 사업 출세 승인

【운세 리딩 예시】

운세 리딩 순서에 따른 실전 예시 리딩입니다.

여러 상황에 맞게 응용해보세요.

어느 방향으로 더해도 숫자 12가 되는 마방진을 응용하여, 순서대로 카드 뒷면을 늘어놓은 다음, 한 장 씩 뒤집어 가면서 각 위치의 운세를 집작하여 리딩하면 좋습니다.

1-1. 감사, 신뢰, 섬세, 미의식 자리에 놓인 카드를 뒤집어서 리딩한다.

'무나카타 삼여신(황혼)' 카드가 나왔다면, 자신에게 부여된 임무나 일에 대해서 감사하는 마음으로 받아들고 있지 않은지 자신을 되돌아 보는게 좋겠고, 상대방과 굳은 신뢰가 없기에 일이 힘든 것은 아닌가 판단해 본다. 또한 업무적으로도 분화되어서 섬세한 방면까지 다 알아보는 것이 좋고 미의식에 있어서는 매우 훌륭한 감각을 소유하고 있으나 표현하지 못하고 매너리즘에 빠지는 것을 경계한다.

1-2. 동료, 자제, 전략, 경쟁심 자리에 놓인 카드를 뒤집어서 리딩한다.

'이자나미노미코토(화혼)' 카드가 나왔다면, 매우 좋은 동료를 만나게 되니 놓치지 않고 그 사람을 잘 붙들어서 자신의 곁에 두는게 좋고, 설사 자신의 성격대로 다 하고 싶더라도 잘 자제하는 마음으로 임하면 실패가 없을 것이다. 전략은 매우 훌륭하게 세울 수 있고, 본인 스스로가 최고로 적합하게 진행할 수 있다는 프라이드를 가져도 좋을 것이다. 가장 가까이에 있는 사람과 막상막하의 경쟁심이 일어날 수 있으나 결과적으로는 자신의 영역을 잘 지키게 되므로 손해볼 것은 없다.

2. 승부, 사업, 출세, 승인 자리에 놓인 카드를 뒤집어서 리딩한다.

'오오쿠니누시노오오카미(화혼)' 카드가 나왔다면, 과정은 힘들더라고 결국 승부에서 결국 이기게 되니 걱정하지 않아도 된다. 우여곡절 끝에 자신의 사업을 잘 이루어서 탄탄하게 기반을 다지게 되니 매우 좋다. 또한 운명적으로도 출세할 수 밖에 없는 것을 타고 난 사람으로서 업무적인 부분과 사람을 대하는 자세가 훌륭하다. 남의 승인을 받는 상황이 오더라도 매우 좋은 결과가 나오며, 혹은 자신이 남을 승인해주는 높은 위치에까지 도달한다.

3. 일, 재물운, 장사, 취미 자리에 놓인 카드를 뒤집어서 리딩한다.

'타케이와타츠노미코토(황혼)' 카드가 나왔다면, 일에 있어서 보다 더 적극적으로 자신감을 가지고 임할 것을 알 수 있다. 자신이 최근 소극적으로 되지 않았을까 생각해보면서 다시금 도전해보도록 한다. 재물운은 현재 잠깐 중단되거나 흐름이 시들해지는 경향이 있기에 큰 투자는 조심하면서 새로운 운이 올 때 까지 기다리도록 한다. 장사의 기회는 나쁘지 않지만 너무 큰 스케일로 시작하기 보다는 조금 지켜보면서 확장을 할지를 선택하는 게 좋다. 너무 많이 벌려놓으면 수습하기 힘들다. 새로운 취미생활을 시작하기 좋은 시기이다. 몸을 움직이면서 좀 더 활력을 불어넣는 분야를 개척해 보도록 하자.

4. 연구, 꿈, 이직·이사, 상속 자리에 놓인 카드를 뒤집어서 리딩한다.

'아마테라스오오미카미(행혼)' 카드가 나왔다면, 자신이 연구하는 분야가 있었다면 이제 곧 그 결과를 알 수 있게 되며 매우 긍정적인 신호로 받아들일 수 있다. 남들로부터 신망을 받고 존경을 받을 것이다. 자신의 꿈에 대해서 확신을 가지고 의심을 버리면 더 좋은 일이 기다리고 있다. 꿈을 꿈에서 그치는 것이 아니라 현실로 만들어 갈 수 있는 계기가 기다린다. 이직을 하는 것은 나쁘지 않지만 자기가 이루어 놓은 것을 포기하면서까지 이직하는 것은 권하지 않는다. 있는 자리에서도 충분한 성공이 있다. 이사도 마찬가지이다. 자신에게 당연히 오는 상속을 받게 되며 그것은 매우 값진 것이다. 주변에서도 당신이 받는 상속에 대해서 부러워 할 것이다. 상속을 받는다면 신중하게 감당해야 한다.

5. 표현, 고백, 인기운, 예술 자리에 놓인 카드를 뒤집어서 리딩한다.

'이와나가히메(황혼)' 카드가 나왔다면, 지금은 표현하기에 적절하지 않은 타이밍이므로 참는게 낫다. 아니면 과감히 잊어버리고 새로운 상대를 선택하는게 나을지도 모른다. 어렵게 한 고백이지만 값어치 없게 될 수 있다. 고백을 하기전이라면 그만두는게 낫고, 고백을 한 후라면 상대의 차가운 거절을 감당해야 한다. 인기운은 약하지만 당신의 진가를 알아주는 소수의 사람들에게 사랑받을 것이다. 결국 그것은 당신의 성격상 오히려 편할 수 있으니 외로워하지 말자. 당신은 숨겨진 재능의 예술가일지도 모른다. 그렇지만 지금은 혼자서 조용히 자신만의 예술적 능력을 신장하고 힘을 기를 때이다.

6. 배움, 미래, 저축, 크리에이터 자리에 놓인 카드를 뒤집어서 리딩한다.

'츠쿠요미노미코토(화혼)' 카드가 나왔다면, 배움에 있어서 이것보다 좋은 시기는 없다. 지금은 자신만의 시간을 가지고 조용히 학업에 몰두하거나 새로운 것을 배우기에 좋다. 당신이 선택한 미래는 지금 당장은 그 윤곽을 잡기 어려울지도 모른다. 그것은 흐릿하고 보장되지 않는 것들 뿐이어서 실망스러울지 모르나 포기하긴 이르다. 차곡차곡 저축하는 것은 당신의 장점이다. 아무도 당신이 이만큼 저축하고 있는지 전혀 눈치채지 못하게 모으는 것도 추천한다. 당신이 크리에이터로서 뭔가 새로운 것을 개발한다면 그것은 매우 좋은 결과를 낳을 것이다.

7. 가정, 자식 복, 노력, 부동산 자리에 놓인 카드를 뒤집어서 리딩한다.

'스사노오노미코토(황혼)' 카드가 나왔다면, 가정 내에서 자신이 인내해야 하는 부분이 발생함을 알 수 있다. 가족 때문일 수도 있고 가정 내의 자신의 역할 때문일 수 있다. 자식 복은 있으나 혼자 육아를 떠맡아야 할 수도 있다. 아니면 부부가 같이 있다고 해도 양육에 있어서 아버지의 몫이 더 크다. 노력만으로 되는 시기가 아니기 때문에 억울한 마음이 있더라도 참고 인내함이 좋다. 그렇다고 노력을 게을리 해서도 안된다. 부동산에 있어서는 팔거나 사거나 하지말고 조금 더 타이밍을 기다리는 것이 좋다. 좀처럼 자신의 뜻대로 매매가 되지 않는다.

8. 일, 가족, 자립심, 아이디어 자리에 놓인 카드를 뒤집어서 리딩한다.

'야가미히메(화혼)' 카드가 나왔다면, 일에 대해서는 너무 자신만만하게 생각하고 있기 때문에 자칫 자신이 실수할 여지가 있는 것은 아닌지 돌아봐야 한다. 그 후에는 모든 것이 완벽하다. 자신의 가족을 위해서 노력하지만 그에 대한 보답을 바래기 보다는 사랑으로 모든 것을 감싸안는 것이 좋겠다. 자립심이 부족한 당신이 지금 누구에게 의지하려고 한다면 잠깐 동안은 도움이 될 사람이 반드시 나타난다. 당신의 아이디어는 남들의 시선을 끌 만큼 매력적이다. 그래서 그로 인해서 많은 발전을 가져다 준다. 그 아이디어를 남과 협업한다면 더 좋은 결과가 있다.

9. 연애, 만남, 여행, 발전·성장 자리에 놓인 카드를 뒤집어서 리딩한다.

'타케미나카타노카미(화혼)' 카드가 나왔다면, 당신은 지금 매우 격정적이고 감정에 휩싸인 연애를 하게 된다. 아무리 이성적으로 대처하려고 하지만 사랑의 불을 끌 수 없다. 새로운 만남은 당신에게 새로운 자극을 가져다 줄 것이다. 사람이든 일이든 그 만남 이후에 어떻게 되느냐까지 걱정할 것은 없다. 먼 곳으로 여행을 떠날 것이지만 계획에 없던 여행일 것이다. 당신은 자신의 발전을 위해서 한 번은 큰 부딪힘을 예상해야 한다. 그렇다면 당신은 매우 크게 성장할 것이다.

◈ 참배 리딩

실제 일본 신사참배 요소를 리딩에 접목한 것으로, 참배 순서에 따른 리딩 방법입니다.

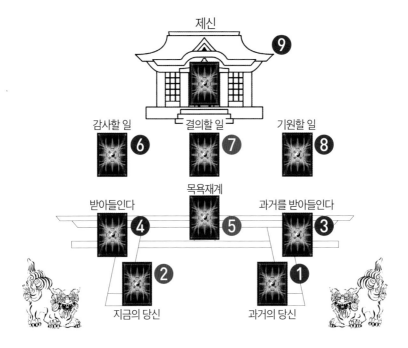

위 표를 보며 카드를 순서대로 조거, 사자, 코마이누, 테미즈야, 참배, 제신 순서대로 카드 뒷면을 위로 해서 올려놓습니다.

*숫자 색상은 이해를 돕기 위한 것으로 화혼, 황혼 구분 없기 랜덤으로 배치합니다.

1. 조거 (鳥居) : 신사 입구에 세우는 문
   '① 과거의 당신', '② 지금의 당신' 자리에 한장 씩 놓습니다.

2. 사자 (獅子) : 액막이와 마귀를 쫓는 의미를 가지고 있고, 신을 지키고 있다
   '③ 과거를 받아들인다' 자리에 놓습니다.

3. 코마이누 (狛犬) : 사자를 닮은 일본의 짐승이자 상상의 동물
   '④ 미래를 받아들인다' 자리에 놓습니다.

4. 테미즈야 (手水舍) : 참배 전에 손이나 입을 깨끗이 씻게 물을 받아 두는 건물
   '⑤ 목욕재계(마음의 부정을 제거하는 일)' 자리에 놓습니다.

5. 배전 (拜殿) : 본전을 배례하기 위한 사전에서 참배
   '⑥ 감사할 일(먼저 감사할 것)', '⑦ 결의할 일(다음으로 결의할 것)', '⑧ 기원할 일
   (마지막으로 기원할 것)' 자리에 놓습니다.

6. 제신(御祭神) : 신사에 모셔져 있는 신
   마지막으로 '⑨ 제신' 자리에 카드를 놓고 중요한 메시지를 받습니다.

【참배 리딩 예시】

신사 참배 순서에 따른 실전 예시 리딩입니다.

여러 상황에 맞게 응용해보세요.

1. 과거의 당신(조거) 자리에 놓인 카드를 뒤집어서 리딩한다.

'아마테라스오오미카미(화혼)' 카드가 나왔다면

"당신은 과거에 매우 자신감 넘치며, 확실한 자기 영역을 추구

하는 멋진 사람이었을 것이다." 라고 리딩할 수 있다.

2. 지금의 당신(조거) 자리에 놓인 카드를 뒤집어서 리딩한다.

'코노하나사쿠야히메(황혼)' 카드가 나왔다면

지금의 당신은 어떤 결정을 내려야 하는 순간에 처했으나 스스

로의 힘으로만으로는 조금 부족함이 있음을 알 수 있다.

3. 과거를 받아들인다(사자) 자리에 놓인 카드를 뒤집어서 리딩한다.

'진무천황(화혼)' 카드가 나왔다면

당신의 영광스러운 과거는 그 자체로 의미가 있었음을 알고 자부심을 가져도 좋을 것이다.

4. 미래를 받아들인다(코마이누) 자리에 놓인 카드를 뒤집어서 리딩한다.

'니니기노미코토(화혼)' 카드가 나왔다면

새로운 국가를 위해서 시작한 의미가 있으므로 앞에 주어진 과제를 힘차게 헤쳐나가야 하는 상황임을 알 수 있다.

5. 목욕재계(테미즈야) 자리에 놓인 카드를 뒤집어서 리딩한다.

'토요우케노오오카미(황혼)' 카드가 나왔다면

자신을 깨끗하게 하는 것이 남을 위한 가장 기본적인 배려라는 것을 알 수 있고 다른 지위가 높은 사람에게 봉사해야 함을 짐작한다.

6. 감사할 일(배전) 자리에 놓인 카드를 뒤집어서 리딩한다.

'이자나키노미코토(화혼)' 카드가 나왔다면

아무것도 없는 곳에서 세상을 만들어 낸 신처럼 자신에게 아무런 댓가없이 여러가지 좋은 것들이 주어짐에 감사해야 한다.

7. 결의할 일(배전) 자리에 놓인 카드를 뒤집어서 리딩한다.

'무나카타 삼 여신(황혼)' 카드가 나왔다면
자신들에게 주어진 역할과 본분에 대해서 잘 인지하고 그것을 인내심을 가지고 지속적으로 이루어 나가야 할 것을 알아야 한다.

8. 기원할 일(배전) 자리에 놓인 카드를 뒤집어서 리딩한다.

'코토시로누시노카미(화혼)' 카드가 나왔다면
이 신이 아버지의 나라를 위해서 용감하게 대적한 것처럼 자신에게 벌어지는 어려움에 대해서 더욱 용기를 주실것을 기원해 본다.

9. 신으로부터의 메세지(제신) 자리에 놓인 카드를 뒤집어서 리딩한다.

'아메노우즈메노미코토(화혼)' 카드가 나왔다면
지금 아마노이와토에 가서 숨어버린 신 아마테라스오오미카미를 나오게 하듯이 체면같은것은 잊어버리고 전력을 다해야 함을 알 수 있다.

1. 조화삼신

【카드 그림 설명】

고사기(古事記)에 첫 번째로 등장한 아메노미나카누시, 다음으로 타카미무스비, 마지막으로 카미무스비 신이다. 그들은 남녀의 구별이 없는 신이다. 즉 자연 그 자체다. 배경은 우주를 표현했다. 아메노미나카누시는 하늘의 중심인 신(중심), 타카미무스비(왼쪽)와 카미무스비(오른쪽)는 진화 발전의 신이다. 아메노미나카누시는 중심으로 끌어당기는 힘을 상징하여 손을 모으고 있는 모습을, 타카미무스비와 카미무스비는 발전, 진화의 신이기 때문에 밖으로 뛰어나오는 힘을 이미지해서 묘사했다.

◈ 있기도 하고 없기도 한, 천지개벽의 신

신에 대한 설명

고사기에 첫 번째로 등장한 신들이며 아메노미나카누시,다음으로 타카미무스비, 마지막으로 카미무스비 신이다. 조화삼신은 금세 나타났지만 금세 사라진 신들이다. 거기에 있지만 없다. 그야말로 인력이나 원심력과 같은 존재다. 게다가 남녀의 구별이 없는 독신(独神-단독으로 이루어진 신), 즉 자연 그 자체이다.

서양에서는 우주 전부를 만든 신을 전지전능한 신이라고 부른다. 고사기에는 천지가 있으니 우주는 당연히 처음부터 있었다고 본다. 서양의 신은 없던 것을 만들었기 때문에 언젠가는 없어진다고 생각한다. 이것이 선과 악, 흑과 백, 생과 사, 양자택일로 연결된다. 그러나 일본에서는 처음부터 있었기 때문에 없어지지 않는다. 즉, 처음부터 감사하는 마음이 있으면 선도 악도 없어진다고 생각했다.

그렇다면 이 우주란 무엇인가? 바로 신령(霊)이다. 이 신령이 최초로 등장한 아메노미나카누시에 깃들어 생명이 탄생한다. 아메노미나카누시는 산이나 바다, 숲과 같은 자연계에 신령을 배분한다. 이를 분령(分御霊)이라고 부른다. 이렇게 자연의 모든 것에 신이 깃들었다. 이를 야오요로즈의 신(八百万の神)이라고 부른다. 즉 모든 것은 하나다. 또한 이 신령에 우열은 없다. 각각에 가치가 있고, 거기에 위아래는 없다. 태어나기 전에 죄를 지은 것도 아니고 죽어서 지옥에 떨어지는 것도 아니다.

지금을 열심히 산다. 신도란『영속하는 지금(中今) 이 순간을 산다』는 것이다. 그러나 이 신령이 떠나면 두 마음을 갖는다. 그것이 자신과 타인이다. 타인이라고 생각한 순간 불평불만, 푸념과 질투로 책망하고 싶어 진다. 그러나 뒤집어 보면 타인을 책망하는 것 같지만 자신을 책망하고 있는 셈이다. 그 자신을 책망하고 있는 상태를 부정이라고 부른다.

기가 쇠하면 부정을 탄다. 기가 쇠하면 사람은 어떻게 되는가? 병이 난다. 그래서 마음의 병(속병)이라고 쓴다. 암이 몸의 병이라면 병체(病体)라고 쓸 것이다. 그러나 병의 기운(病気)이라고 쓰는 것은 역시 마음의 병이기 때문이다. 이 병에는 조짐이 있다. 그 조짐만 알면 병이 나지 않는다. 그 조짐은 노(怒)·고(苦)·비(悲)·우(憂)·공(恐)과 같은 감정이다. 이 감정을 부정(穢れ)이라고 했다. 있는 것 같지만 없는 것,

없는 것 같지만 있는 것. 그것이야말로 자연의 진리이다. 우리는 그 자연의 혜택을 활용한다.

아메노미나카누시는 하늘의 중심 신, 타카미무스비와 카미무스비는 진화 발전의 신. 안으로 끌어당기는 힘과 밖으로 반발하는 힘, 즉 우주 그 자체이며, 평화와 번영을 상징하는 신이다.

【신격】
아메노미나카누시→ 우주의 근본신
타카미무스비→ 생성신
카미무스비→ 생성신

【공덕】
순산, 장수, 복을 부른다. 출세 개운, 학업 상달, 기술 향상, 결혼 인연 맺기, 해안 안전, 액막이, 병 치유, 중풍병 제거, 양잠 수호 풍작, 소원 성취, 개운 초래

【별칭】
아메노미나카누시→ 아메노미나카누시노카미(天御中主神)
타카미무스비→ 타카기노카미(高木神), 타카미무스히노미코토(高皇産霊尊)
카미무스비→ 카미무스히노미코토(神皇産霊尊)

【신을 모시는 신사】
▶ 아메노미나카누시
도쿄수이렌구우(도쿄도 츄오우쿠),레이후사(오오사카후 오오사카시),치치부신사(사이타마현 치치부시),나카무라신사(후쿠시마현 소마시),나구사신사(효고현 아부시),아치신사(오카야마현 쿠라시키시),야쓰시로신사(쿠마모토현 야쓰시로시)

▶타카미무스비
도쿄다이진구우(도쿄도 치요다쿠),아다타라신사(후쿠시마현 모토미야시),요하시라신사(나가노현 마쓰모토시),아카마루아사이신사(토야마현 타카오카시),타카무신사(아이치현 나고야시),타카마히코신사(나라현 고세시),미오야신사(후쿠오카현 키타

큐슈시),타카미무스비신사(나가사키현 쓰시마시)

▶카미무스비
도쿄다이진구우(도쿄도 치요다쿠),아다타라신사(후쿠시마현 모토미야시),요하시라 신사(나가노현 마쓰모토시),아카마루아사이신사(토야마현 타카오카시),타카무신사 (아이치현 나고야시),타카마히코신사(나라현 고세시),미오야신사(후쿠오카현 키타 큐슈시),타카미무스비신사(나가사키현 쓰시마시)

◈ 조화삼신의 기본 성향-화혼카드 황혼카드 공통사항

타입	제왕
◈ 상징성	유연함
◈ 인간관계	이해 관계를 중요시 한다
◈ 언행의 중심축	자신의 생각을 중심으로 행동한다
◈ 지향하는 바	실력자가 되는 것
◈ 개선하는 방법	겸허하게 행한다
◈ 진로	돈이나 재산을 따른다
◈ 가치관	자신의 굳은 신념을 믿는다
◈ 사고력	이론적이다
◈ 행동력	신중하다
◈ 적재적소	관리할 수 있는 힘이 있다
◈ 사명감	목표와 계획을 갖고 임한다

1-1 조화삼신-화혼 카드

*화혼: 和魂(니기미타마)
신령의 정적인 상태에서의 다정하고 온화한 영력을 가리킨다.

◈ 무한의 영혼
세 방면이 만족하는 균형

당신 안에 늘 있는 것은 무엇인가요? 그것은 사랑입니다. 영혼은 서로 사랑으로 연결되어 있습니다. 사랑을 포기하지 마세요. 더 강한 사랑을 하면 끌어당기는 힘과 반발하는 힘이 균형을 이루고 당신을 중심으로 돌기 시작합니다. 세 방면의 균형을 잡습니다. 불투명한 것도 하나의 답을 이끌어 낼 수 있습니다. 사랑이란 관심을 나타내는 것입니다. 사랑을 표현하는 가장 간단한 방법은 웃는 얼굴로 고개를 끄덕이는 것에서부터 시작합니다.

◈ 조화삼신의 오행과 상징 및 키워드

	화혼	키워드
◈ 오행	화(火), 토(土)	-끌어당기다
◈ 계절	5, 6, 7월(여름)	-불투명
◈ 시간	10시~16시	-우주
◈ 방위	남, 남동, 북서	-무한
◈ 컬러	적색, 주황색, 황색, 갈색	-영혼 ·사랑
◈ 숫자	3, 4, 5	-연결되다
◈ 덕목	예의, 신뢰	-포기하지 않다
◈ 감정	기쁨, 생각	-답
◈ 본능	전달, 매력	-균형
◈ 아이템	미술품, 커피	-당신 중심
◈ 재능	연구, 팀워크, 매니지먼트	-조절하다
		-반발하다

1-2 조화삼신-황혼 카드

*황혼: 荒魂(아라미타마)

용맹한 반면, 거칠고 전투적, 때로는 사람에게 재앙을 미치는
영력이며, 신의 분노를 가리킨다고도 한다.

◈ 본연의 모습

미래의 자신

최근 주위를 둘러볼 여유가 없지 않나요? 지금 무엇을 해야 할지 보다는 당신이 무엇
을 하고 싶은지를 명확히 아는 것이 중요합니다. 산기슭이 아니라 산의 정상에서 모든
일을 파악해야 합니다. 자신·타인·업계·시세·미래 등 이상적인 모습을 그리세요. 미
래의 자신과 연결되었을 때 답을 찾을 수 있습니다. 자기암시가 중요합니다. 설렘이나
열정과 같은 에너지를 끌어올립시다.

◈ 조화삼신의 오행과 상징 및 키워드

	황혼	키워드
🌊 오행	수(水), 토(土)	-파악
🌊 계절	11, 12, 1월(겨울)	-설렘
🌊 시간	21시~4시	-산만
🌊 방위	북, 남서, 북동	-해야 한다
🌊 컬러	검은색, 보라색, 황색, 갈색	-본연
🌊 숫자	9, 0, 6	-명확
🌊 덕목	지혜나 지성, 신뢰	-산의 정상
🌊 감정	두려움, 생각	-열정
🌊 본능	습득, 매력	-자기암시
🌊 아이템	감실 (神棚), 따뜻한 색 조명	-미래와 연결하다
🌊 재능	연구, 팀워크, 매니지먼트	-이상의 모습 -하이어 셀프

2. 이자나키노미코토

화혼카드

황혼카드

【카드 그림 설명】

첫 번째로 부부가 된 신으로 이자나키는 남신이다. 머리 스타일은 오래 전 귀족 남자가 하고 있던 미즈라(角髪), 허리에 있는 검은 히노카구츠치(이자나미를 사망하게 만든 불의 신)를 베고, 스사노오가 야마타노오로치를 퇴치할 때 사용한 토츠카노츠루기(十束剣)다.

이자나미와 함께 신탁을 받아, 아메노누보코라는 창을 하계에 찔러 넣어서 국토와 신들을 탄생시킨 장면을 묘사했다. 또한 목에 구슬과 곡옥은 처음 탄생한 아이 히루코를 상징한다. (또는 많은 신을 낳았음을 상징한다)

◆ 사랑이 초래한 댓가와 싸운 신
신에 대한 설명

이자나키와 이자나미는 남녀의 성별을 가지고 최초로 부부가 된 신이다. 이자나는 '유혹하다(이자나우)'의 어원이다. 서로 유혹하는 남자와 여자를 뜻하는 말이 생기면서 '사랑'이 탄생했다. 지금까지의 신은 영원 불멸이었다. 그러나 이 두 사람에 의해 '사랑'이 생기고, 그 사랑의 댓가로 '죽음'을 받아들여야 했다.

이자나키는 국토 창조, 신의 출산에 관여하는 신이었고, 이자나미와의 사이에서 일본 국토를 형성하는 많은 자식을 낳는다. 아내가 불의 신인 카구츠치를 낳았을 때 화상을 입어 죽음에 이르러 저승(黄泉の国)으로 간다. 이자나키는 포기 못하고 저승까지 아내를 데리러 간다.

그러자 그녀는 "이 나라의 음식을 먹었기 때문에 이제 돌아갈 수 없다."고 한다. 그래도 이자나키는 도저히 포기할 수 없었다. 그래도 어떻게 하든 그녀를 데려오려 하자 그녀가 "그렇다면 이쪽 신에게 이야기하고 올 테니까 잠시 기다려줘요. 하지만 돌아올 때까지 절대로 안을 들여다보지 않겠다고 약속해 줘요."하고 당부한다. 그 말을 잘 듣고 잠시 기다리던 이자나키는 도무지 그녀가 돌아올 기미가 보이지 않자, 걱정되어 그만 안을 들여다보고 만다.

그러자 거기에는 부패하여 온몸에 구더기가 끓고 있는, 완전히 변해버린 아내의 모습이 있었다. 그 모습을 보자마자 이자나키는 기겁하고 황급히 도망쳐 버린다. 약속을 어긴 것에 격분한 그녀는 악마를 보내 이자나키를 쫓는다. 결국 이자나미가 직접 쫓아왔지만, 이자나키는 저승의 출구를 큰 바위로 막으며 "너와는 절연하겠다"고 단언한다. 이때 이자나키에게는 그녀의 상심한 마음을 헤아릴 만한 마음의 여유가 없었다. 그것보다 그토록 아름다웠던 아내의 달라진 모습과 귀신과 같은 모습에 겁에 질려 버렸고, 사랑도 순식간에 식어버렸다.

이자나미는 이렇게 될 것을 예측하고 당부했음에도 불구하고, 그 약속을 어기고 자신을 정당화하는 이자나키에게 격분해 "너의 나라 사람을 하루에 1,000명씩 죽여버리겠다"고 외쳤다. 이자나키는 "그렇다면 나는 하루에 1,500명을 낳겠다."고 응수한다. 죽을 만큼 사랑했던 두 사람의 사랑은 이렇게 어이없이 파국을 맞이 한다. '사랑'

을 선택하고, '죽음'을 받아들이지만, 약하고 덧없는 사랑. 단추를 잘못 끼우면서 비롯된 꼬인 실은 두 번 다시 원래의 상태로 돌아갈 수 없었다.

사랑은 깊으면 깊을수록 좋으나 그 깊음 때문에 의심이 많아져 쓸데없는 문제를 일으키는 법이다.

【소질】
인류 기원의 신, 결혼의 신, 나라를 다지는 신, 생명의 조상신

【공덕】
출세 개운, 장사 번창, 가정 안전, 인연 맺기, 부부원만, 순산, 육아, 무병장수, 액막이, 연명장수, 풍작, 대어

【별칭】
이자나키노미코토(伊邪那岐神), 이자나키노미코토(伊弉諾尊)

【계보】
신세칠대(神世七代 - 코토아마쓰카미의 다음으로 태어난 일대일조의 남녀 신을 가리킨다. 쿠니노토코타치, 토요구모노카미는 독신이기 때문에 네쌍의 남녀와 이 두 신을 합친 12신을 통합해서 부른다)

【신을 모시는 신사】
이자나기신궁(효고현 아와지시), 오노코로섬신사(효고현 미나미아와지시), 타가대사(시가현 이누카미군타가쵸), 에다신사(미야자키현 미야자키시), 이자나기노미야(미에현 이세시), 미쓰미네신사(사이타마현 치치부시), 쓰쿠바산신사(이바라키현 쓰쿠바시), 히타치노쿠니소사궁(이바라키현 이시오카시), 쿠마노신사(치바현 요쓰카이도우시), 쿠마노하야타마대사(와카야마현 신구시), 사다신사(시마네현 마쓰에시), 이자나기신사(나라현 키타카쓰라기군 칸마키쵸), 이자나기신사(나라현 이코마시), 이자나기신사(나라현 텐리시), 이자나기신사(오오사카후 스이타시), 와시오아타고신사(후쿠오카현 후쿠오카시), 타가신사(후쿠오카현 노오가타시), 모모타로신사(카가와현 타카마쓰시), 쿠마노신사(코베시 중앙구), 이외 전국의 이자나기신사

◆ 이자나키노미코토의 기본 성향-화혼카드 황혼카드 공통사항

타입	신령
🌊 상징성	민감함
🌊 인간관계	느낌에 따라 대한다
🌊 언행의 중심축	자신의 직감을 중심으로 행동한다
🌊 지향하는 바	성공자가 되는 것
🌊 개선하는 방법	변화를 준다
🌊 진로	자유나 명성을 따른다
🌊 가치관	정해져 있지 않고 유동적이다
🌊 사고력	감성적이다
🌊 행동력	활동적이다
🌊 적재적소	기획력이 있다
🌊 사명감	직감 닦고 개발한다

2-1 이자나키노미코토-화혼 카드

*화혼: 和魂(니기미타마)

신령의 정적인 상태에서의 다정하고 온화한 영력을 가리킨다.

◈ 아이디어

상호 보완 관계

새로운 아이디어나 순간적인 발상이 잇달아 떠오릅니다. 지금까지의 고생이 거짓말처럼 지나가고 일이 진척됩니다. 그러나 아이디어가 있더라도 계속해서 지속적으로 추진해야만 일이 성공에 이릅니다. 또한 지원해주는 자가 나타나게 됩니다. 그 지원자는 당신을 대신해서 활약하며 서로 부족한 부분을 보완하는 관계를 구축합니다.

◈ 이자나키노미코토의 오행과 상징 및 키워드

	화혼	키워드
🐚 오행	목(木)	-순간적인 발상
🐚 계절	2, 3, 4월(봄)	-부족한 부분
🐚 시간	4~10시	-고생
🐚 방위	동	-거짓말처럼
🐚 컬러	청색, 녹색	-일
🐚 숫자	1, 2	-전진
🐚 덕목	인자함	-아이디어
🐚 감정	분노	-상호 보완
🐚 본능	수비	-지원자
🐚 아이템	허브, 관엽식물	-당신 대신
🐚 재능	행동력, 활력적, 보스, 리더	-표리일체
		-계속

2-2 이자나키노미코토-황혼 카드

*황혼: 荒魂(아라미타마)

용맹한 반면, 거칠고 전투적, 때로는 사람에게 재앙을 미치는
영력이며 신의 분노를 가리킨다고도 한다.

◈ 믿는다
약속을 지키다

의심과 불신이 머리 속을 가득 채우고 있으며 상대에게 옳은 일을 강요만 한다면 혼
자가 되어버립니다. 의심에서 시작된 정의는 다툼밖에 일어나지 않습니다. 인간관
계를 복잡하게 하는 것은 오해나 쓸데 없는 확신입니다. 상대와의 소통을 소중히 여
기고, 상대의 다른 점을 받아들이면 당신의 부족한 부분이 보완되어 애정도 깊어 질
것입니다.

◈ 이자나키노미코토의 오행과 상징 및 키워드

	황혼	키워드
❖ 오행	금(金)	-밀어붙인다
❖ 계절	8, 9, 10월(가을)	-소통
❖ 시간	16~22시	-의심
❖ 방위	서	-불신감
❖ 컬러	하얀색, 금색, 은색	-머리
❖ 숫자	7, 8	-가득 채우다
❖ 덕목	정의감	-올바른 일
❖ 감정	슬픔	-차이를 받아들이다
❖ 본능	공격	-오해
❖ 아이템	보석, 귀금속	-다툼
❖ 재능	표현력, 소통, 인맥	-의심으로 시작하는 정의
		-고독

3. 이자나미노미코로

화혼카드

和　순환　魂

이자나미노미코토
진정한 사랑은 순환한다

황혼카드

魔　맹목적인 사랑　魂

이자나미노미코토
모든 것을 받아들인다

【카드 그림 설명】

첫번째로 부부가된 신으로, 여신이다. 신탁을 받은 이자나키와 이자나미는 아메노 누보코라는 창을 하계에 찔러 넣어서 국토와 신들을 탄생시켰다.

지모신이기 때문에 어머니와 같은 다정한 모습으로 그렸고, 사후 저승의 대신이 되기 때문에 아름다움 속에 늠름한 모습을 표현하였다. 또한 머리는 남자 머리 스타일인 미즈라지만, 이는 저승에서 이자나키를 쫓아다니는 용감함을 표현하기 위한 것이다.

목에 구슬과 곡옥은 처음 탄생한 아이 히루코를 상징한다. (또는 많은 신을 낳았음을 상징한다)

◆ 목숨과 바꾸어 신을 낳은 여신
신에 대한 설명

이자나미는 사랑을 먹고 사는 여신이다. 이자나미는 처음으로 부부의 인연을 맺을 때 넘치는 마음을 주체하지 못하고 상대에게 "어째서 이렇게 멋지세요?"하고 먼저 고백한다. 그 결과 태어난 첫 아이는 거머리 같은 모습을 하였기에 바다로 떠나 보낸다. 이것은 유산을 의미하는 것일지도 모른다. 그 후, 남자 신인 이자나키가 먼저 말을 건넨다.

두 사람은 서로 깊이 사랑하여 많은 아이를 낳는다.그러나 불의 신을 낳을 때 입은 화상 때문에 죽어 이자나미는 저승으로 간다. 이자나미는 저승에서 생을 마감하려고 하였다. 바로 그때 아내를 데리러 온 남편의 모습이 있었다. 이자나키가 이자나미를 데리러 온 것이다. 그녀는 이미 저승의 음식을 먹었으므로 돌아가고 싶어도 돌아갈 수 없다고 말하지만 이자나키는 포기하지 않는다. 이자나미도 할 수만 있다면 당장이라도 사랑하는 남편을 만나고 싶었다.

그래서 이쪽 신에게 협상을 할 테니 절대로 안을 들여다보지 말라고 신신당부한다. 그러나 도무지 돌아올 기미가 보이지 않자, 기다림에 지친 이자나키는 보고 싶은 마음을 참지 못하고 약속을 어기고 안을 들여다보고 만다.

거기에는 구더기가 들끓는 이자나미의 모습이 있었다. 너무나 놀래서 소리를 내버린 남편을 발견한 이자나미는 약속을 어긴 것에 격분한다. 저승의 출구까지 도망친 이자나키는 큰 바위로 출구를 막고서는 이자나미에게 작별을 고한다. 그것을 들은 이자나미는 분노에 치를 떤다.

"네가 그렇게 말한다면 그쪽 인간을 하루에 1,000명씩 죽여버리겠다."고 외친다. 이자나키는 "그렇다면 하루에 1,500명 낳겠다."고 저항한다. 이 때 사람의 '생'과 '사'가 생겼다고 한다. 이자나미는 남편을 진심으로 사랑했다. 사랑했기 때문에 약속을 지켜주길 바랐다. 흉한 모습도 보여주고 싶지 않았으나 그 마음을 헤아리지 못한 이자나키로부터 이별을 통보 받는다. 그 말을 들은 이자나미는 분노와 슬픔에 치를 떤다.

이는 인간 사회에서도 흔히 있는 이야기다. 사랑이 깊으면 깊을수록 그 문제도 심각해진다. 맹목적인 사랑, 애정과 애욕의 차이, 감정이 담긴 말인지 애정이 담긴 말인지 신중하게 말을 고르고 다시 한번 자신의 행동을 재검토해 보는 것도 좋을 것이다.

【소질】

창조신, 만물을 낳는 여신, 대지모신

【공덕】

출세 개운, 장사번창, 가정 안전, 인연 맺기, 부부원만, 순산 육아, 무병장수, 질병치유, 액막이, 연명장수, 풍작, 풍어

【별칭】

이자나미노카미(伊邪那美神), 이자나미노미코토(伊奘冉尊)

【계보】

타카마가하라(高天原-신이 사는 장소)의 신, 신세칠대의 마지막 신

【신을 모시는 신사】

이자나기신궁(효고현 아와지시),히바야마쿠메신사(시마네현 야스기시),이야지신사(시마네현 야쓰카군),하나노이와야신사(미에현 쿠마노시),쿠마노대사(시마네현 마쓰에시),카모스신사(시마네현 마쓰에시),이자나미노미야(미에현 이세시),미쓰미네신사(사이타마현 치치부시),타가대사(시가현 이누카미군타가쵸),쓰쿠바산신사(이바라키현 쓰쿠바시),쿠마노신사(치바현 요츠카이도시),이이모리신사(후쿠오카현 후쿠오카시),사다신사(시마네현 마쓰에시),이자나기신사(스이타시야마다히가시),이자나미신사(도쿠시마현 미마시),와시오아타고신사(후쿠오카현 후쿠오카시),쿠마노신사(히로시마현 쇼바라시),아타고신사(쿄토후 쿄토시 우쿄쿠),아타고신사(쿄토후 카메오카시) ,그 외 전국의 아타고신사

◆ 이자나미노미코토의 기본 성향-화혼카드 황혼카드 공통사항

타입	왕자
❖ 상징성	완벽함
❖ 인간관계	느낌에 따라 행한다
❖ 언행의 중심축	자신의 직감을 중심으로 행동한다
❖ 지향하는 바	성공자가 되는 것
❖ 개선하는 방법	어디에도 얽매이지 않고 자유롭다(프리랜서)
❖ 진로	자유나 명성을 따른다
❖ 가치관	정해져 있지않고 유동적이다
❖ 사고력	이론적이다
❖ 행동력	신중하다
❖ 적재적소	관리할 수 있는 힘이 있다
❖ 사명감	직감을 단련한다

3-1 이자나미노미코토-화혼 카드

*화혼: 和魂(니기미타마)
신령의 정적인 상태에서의 다정하고 온화한 영력을 가리킨다.

◈ 순환
진정한 사랑은 순환한다

사랑이 순환하기 시작합니다. 일방적으로 주거나 받거나 하는 것이 아니라 서로가 주고받음으로써 사랑이 형성됩니다. 때로는 상대의 마음을 존중하고 한 발짝 물러서는 것도 필요합니다. 순환하는 사랑은 부족한 부분을 채워주고, 실패를 두려워하는 마음에 용기를 부여하여, 혼자서는 다다를 수 없는 곳으로 인도합니다. 당신은 어쩌면 이 사랑을 이미 만났을 수도 있습니다. 행복의 열쇠는 이미 손 안에 있습니다.

◈ 이자나미노미코토의 오행과 상징 및 키워드

	화혼	키워드
❖ 오행	목(木)	-마음의 존중
❖ 계절	2, 3, 4월(봄)	-이미 만났다
❖ 시간	4~10시	-사랑의 순환
❖ 방위	동	-진정한 사랑
❖ 컬러	청색, 녹색	-주기만 하다
❖ 숫자	1, 2	-받기만 하다
❖ 덕목	인자함	-서로 주고받다
❖ 감정	분노	-손 안에 있다
❖ 본능	수비	-실패를 두려워하다
❖ 아이템	허브, 관엽식물	-보충하다
❖ 재능	행동력, 정력적인, 보스, 리더	-부족
		-한 발짝 물러나다

3-2 이자나미노미코토-황혼 카드

*황혼: 荒魂(아라미타마)

용맹한 반면, 거칠고 전투적, 때로는 사람에게 재앙을 미치는
영력이며 신의 분노를 가리킨다고도 한다.

◈ 맹목적인 사랑

모든 것을 받아들인다

사랑은 눈을 멀게 합니다. 좋아하는 부분만을 보는 것은 진정한 사랑이 아닙니다. 진
정한 사랑은 좋아하는 부분도, 싫어하는 부분도 다 포함해서 받아들이는 것입니다.
자신이 싫다고 느끼는 감정도 그대로 받아들이고 그 싫은 감정을 극복해 나간다면
진정한 사랑을 만날 수 있습니다. 수용의 자세를 가져야 진정한 사랑이 자라납니다.

◈ 이자나미노미코토의 오행과 상징 및 키워드

	황혼	키워드
❖ 오행	금(金)	-싫은 것
❖ 계절	8, 9, 10월(가을)	-극복
❖ 시간	16~22시	-맹목의 사랑
❖ 방위	서	-오해
❖ 컬러	하얀색, 금색, 은색	-굳게 믿다
❖ 숫자	7, 8	-증오
❖ 덕목	정의감	-좋아하는 것
❖ 감정	슬픔	-태어나다
❖ 본능	공격	-싫은 감정
❖ 아이템	보석, 귀금속	-행복은 손 안
❖ 재능	소통, 인맥, 인기	-진정한 사랑
		-받아들이다

4. 츠쿠요미노미코토

화혼카드

황혼카드

【카드 그림 설명】

츠쿠요미는 달의 신, 밤의 신으로 불리기 때문에 배경 또한 달과 밤으로 표현되어 있다. 츠쿠요미는 이자나키가 오른손으로 '마소거울'이라는 거울을 들었을 때 태어났다고 여겨진다. 그 거울이 츠쿠요미의 왼손에 그려져 있다. 츠쿠요미의 오른손에는 이키의 토부일족의 신제 도구 하나인 *고헤이를 들고 있다. 또한 츠쿠요미는 돌 위에 서 있는데, 이는 이키의 츠쿠요미신사에 진구 황후가 삼한정벌시, 배에 닿아서 출산을 늦추었다는 돌이다.

*고헤이 : 종이 또는 천을 가늘고 긴 나무에 끼워서 늘어뜨린 것으로 신을 모시는 의식에 사용하는 도구의 하나.

◆ 어둠에 빛을 비추어 인도하는 신
신에 대한 설명

츠쿠요미는 아마테라스의 남동생이자, 스사노오의 형이다. 이자나키의 오른쪽 눈에서 태어난 신이 츠쿠요미다. 이자나키가 낳은 가장 고귀한 신으로서 그들은 '삼귀자(三貴子)'라고 부른다. 츠쿠요미는 밤의 신, 또는 달의 신이라고 불린다.

아마테라스나 스사노오의 이야기는 자주 나오지만 츠쿠요미는 거의 등장하지 않는다.

츠쿠요미(月読)라는 「달을 읽다」는 뜻의 이름에서 알 수 있듯이 달력과도 연관이 깊다. 달력은 달이 차고 이지러지는 월령과 연동되어 있다. 보름달에서 점차 달이 이지러져 새달이 되기까지 시간의 흐름을 기준으로 한다.

신사에서 1일과 15일에 참배하는 것은 이 달의 차고 이지러짐과 관련이 있다. 한 달 중 15일을 경계로 원점으로 돌아가 '기(気)'가 높아지기 때문에 1일에 *불제하고 그리고 15일에 다시 불제한다.

이것이 참배 시기의 내력이다. 아마테라스가 '양'이라면 츠쿠요미는 '음'이다. 어두운 밤에 빛을 비추어, 바다를 항해하는 사람들을 조용히 지켜보고 은근슬쩍 아무렇지도 않은 듯 사람들을 인도하는 고마운 존재다. 결코 주인공은 아니지만 없어서는 안 될 존재이다.

사람에게도 다양한 역할이 있다. 무대에 서는 사람, 실행하는 사람, 보조하는 사람 등. 얼핏 보면 말하는 자만이 사람의 눈길을 끌지만 그것은 누군가가 그 말을 자제했기 때문에, 말하는 자의 존재가 두드러지는 것이다.

"잘 될 것이다."라는 말이 있다. 불평하거나 이것저것 걱정하지 않아도 필연적인 추세대로 가면 잘 되도록 되어있다. 이 세상은 '된다'로 이루어져 있는 것이다. 그러나 아무리 해도 일이 성사되지 않을 때에도 포기하지 않고 '하는' 사람이 있다. 사람들은 그들을 '영웅'이라고 부르며, 우리는 '하는'것에 눈을 돌리는 경향이 있지만 일상 속의 대부분은 '되다'에 의해 지탱되고 있다.

특별한 능력이 있는 사람은 그 능력을 살려서 여러 가지 어려움을 헤쳐 나간다. 반면, 자신의 발 밑은 잘 보이지 않는 법이다. 그 보이지 않는 발 밑의 세세한 부분을 다른 누군가가 지탱하고 있다. 츠쿠요미는 그런 발 밑을 비추는 신이 아닐까 싶다.

우리 주위에도 뒤에서 도와주는 사람이 있다. 거기에 눈을 돌리고 평가할 수 있는 사람에게 덕은 쌓인다. 당신 발 밑을 비추어 주는 사람도 반드시 있을 것이다. '덕이 있는 사람'이란 사람이 쌓은 덕을 깨닫는 사람이다. 그런 사람이 '덕'을 지니게 된다.

*불제(祓除) : 부정이나 재앙을 제거하는 것

【소질】
달의 신, 농경신, 점술의 신, 바다의 신, 어업의 신

【공덕】
해상안전, 농업, 오곡풍양, 소원 성취

【별칭】
츠키요미노미코토(月夜見命), 츠쿠요미노카미(月読神), 츠키유미노미코토(月弓尊)

【계보】
이자나키의 자식

【신을 모시는 신사】
게구베츠쿠·츠키요미노미야(미에현 이세시),나이쿠베츠쿠·츠키요미노미야(미에현 이세시),츠키요미신사(쿄토시 니시쿄쿠),츠키요미신사(나가사키현 이키시),츠키요미신사(미야기현 이시노마키시),갓산신사(야마가타현 히가시타가와군타치카와마치),쵸카이갓산료쇼궁(야마가타현 야마가타시),가소야마신사(토치기현 카누마시),사사무타신사(오오이타현 오오이타시),니시테루신사(토쿠시마현 미마시),갓산나카노미야(야마가타현 츠루오카시),갓산본궁(야마가타현 히가시타가와군쇼나이마치),세나미하구로신사(니가타현 무라카미시),카와하라신사(미에현 이세

시),아누미신사(에히메현 마츠야마시),이요신사(에히메현 이요시),키마치보로미야(시마네현 마츠에시),로큐쇼신사(시마네현 마츠에시),이나리키오우신사(도쿄토 신주쿠),코마가타신사(이와테현 토오노시),야마다신사(카가와현 간논지),오오토모신사(나가노현 사쿠시)

◆ 츠쿠요미노미코토의 기본 성향-화혼카드 황혼카드 공통사항

타입	회장
⟪ 상징성	실질적인 것
⟪ 인간관계	신뢰하는 관계를 맺는다
⟪ 언행의 중심축	타인의 생각을 중심으로 행동한다
⟪ 지향하는 바	인격자가 되는 것
⟪ 개선하는 방법	상담을 통해 해결한다
⟪ 진로	사랑이나 우정을 따른다
⟪ 가치관	정해져 있지 않고 유동적이다
⟪ 사고력	이론적이다
⟪ 행동력	신중하다
⟪ 적재적소	관리할 수 있는 힘이 있다
⟪ 사명감	믿고 인내한다

4-1 츠쿠요미노미코토-화혼 카드

*화혼: 和魂(니기미타마)

신령의 정적인 상태에서의 다정하고 온화한 영력을 가리킨다.

◆ 고민을 들어주다
인정하고 칭찬한다

당신에게 고민 상담을 하고 싶은 사람이 있습니다. 그러니 그를 위해서는 말을 앞세우지 말고 한 발짝 뒤로 물러서서 둘러보세요. 달빛이 어둠을 비추듯 당신의 조언이 용기를 줍니다. 사람이 두려워하는 것은 미래가 보이지 않기 때문입니다. 먼저 그 사람이 안고 있는 고민을 들어주세요. 인기 있는 사람이란 사람에게 마음을 주는 사람입니다. 고민을 들어줄 때는 인정하고 칭찬을 아끼지 않아야 한다는 것을 명심하세요.

◆ 츠쿠요미노미코토의 오행과 상징 및 키워드

	화혼	키워드
❀ 오행	목(木)	-비추다
❀ 계절	2, 3, 4월(봄)	-고민
❀ 시간	4~10시	-상담
❀ 방위	동	-인정하기
❀ 컬러	청색, 녹색	-칭찬하다
❀ 숫자	1, 2	-한 발짝 물러나다
❀ 덕목	인자함	-어둠
❀ 감정	분노	-듣다
❀ 본능	수비	-두려움
❀ 아이템	허브, 관엽식물	-미래가 보이지 않다
❀ 재능	소통, 인맥, 인기	-용기를 주다
		-조언

4-2 츠쿠요미노미코토-황혼 카드

*황혼: 荒魂(아라미타마)

용맹한 반면, 거칠고 전투적, 때로는 사람에게 재앙을 미치는 영력이며 신의 분노를 가리킨다고도 한다.

◈ 생체리듬

리듬을 회복하다

리듬이 무너져 있지 않으세요? 리듬이 좋을 때는 무엇을 해도 다 잘 됩니다. 그러나 리듬이 한번 무너지면 무엇을 해도 잘 되지 않습니다. 이 리듬을 무너뜨리는 것은 분노·괴로움·슬픔 ·근심·두려움과 같은 우울한 감정과 부정입니다. 일단은 신사에 가서 이 부정을 없애는 것부터 시작해봅시다. 1일과 15일을 추천드립니다.

◈ 츠쿠요미노미코토의 오행과 상징 및 키워드

	황혼	키워드
❖ 오행	금(金)	-병을 만들다
❖ 계절	8, 9, 10월(가을)	-참배
❖ 시간	16~22시	-생체리듬
❖ 방위	서	-무너지다
❖ 컬러	하얀색, 금색, 은색	-기가 정체하다
❖ 숫자	7, 8	-잘 안 되다
❖ 덕목	정의감	-부정
❖ 감정	슬픔	-되찾다
❖ 본능	공격	-맑음
❖ 아이템	보석, 귀금속	-솔직
❖ 재능	창조적, 최첨단, 아이디어	-재앙과 액운을 없애다
		-목욕재계

5. 스사노오노미코토

【카드 그림 설명】

여행 중에 만난 한 가족, 그들은 큰 뱀이 자신들의 목숨을 노리고 있다며 두려워하고 있었다. 그래서 스사노오는 뱀을 퇴치하고, 그 집의 딸 쿠시나다히메과 결혼한다. 퇴치할 작전으로 그는 뱀에게 술을 먹인 후 죽이기로 했다. 그 술이 카드의 왼쪽에 보인다. 또한 뱀을 퇴치할 때 스사노오는 쿠시나다히메를 신통력으로 작은 빗으로 바꾸어서 자신의 머리에 꽂았다.

그림을 보면 스사노오 머리에 빨간 빗을 확인할 수 있다. 뱀의 꼬리에서 삼종 신기인 쿠사나기노츠루기(검)가 나왔다. 또한 스사오노는 수염이 긴 모습인데 이는 어머니인 이자나미가 저승에 가자 너무 보고 싶어서 울고 있을 때를 표현했다.

◈ 남달리 가족을 생각하는 마음씨 착한 신
신에 대한 설명

스사노오는 이자나키의 자식으로 아마테라스 그리고 츠쿠요미와 함께 '삼귀자(三貴者)'라고 불린다. 아버지 이자나키는 스사노오에게 넓은 바다를 맡기지만, 그는 전혀 말을 듣지 않는다. 그 뿐 아니라 오히려 저승에 있는 어머니를 "보고 싶다." 며 울부짖기만 했다. 그게 어릴 때라면 몰라도 턱수염이 가슴에 닿을 정도로 세월이 흘렀음에도 바뀌지 않았다.

이자나키는 잘못 키웠다고 후회하고, 어머니가 있는 곳으로 그를 추방하고, 이자나키는 은거한다. 그러나 스사노오는 어머니에게 가는 것을 허락받았다는 착각을 하고 크게 기뻐했다. 그리고 그는 저승에 가기 전에 누나 아마테라스에게 인사를 하려고 타카마가하라(천계)로 간다.

그때 타카마가하라의 신들을 난처하게 하는 사건을 일으켜 버린 바람에 이번에는 아시하라노나카츠쿠니(葦原中国-지상)로 추방당하고 만다. 추방당한 스사노오는 큰 뱀에게 잡혀 먹힐 까봐 겁에 질려 있는 부자와 우연히 만난다. 그 큰 뱀은 머리가 여덟 개 있는 '야마타노오로치'였다. 스사노오는 이 큰 뱀을 물리치고 영웅이 된다. 퇴치한 큰 뱀의 꼬리에서 삼종 신기인 '쿠사나기노츠루기(草薙の剣)'을 얻는다. 그리고 뱀의 희생양이 될 뻔한 딸 쿠시나다히메와 결혼한다.

그는 그녀를 매우 사랑했다. 스사노오는 언뜻 보기에는 힘이 세고 방약무인으로 대업을 이룰 수 있을 것처럼 보였지만 사실은 마음씨 착하고 가족을 아끼는 신이었다. 그러나 너무나 사랑하는 아내를 먼저 보내고, 스사노오는 너무 슬픈 나머지 딸을 데리고 다스리던 나라를 미련 없이 버리고 떠난다. 그만큼 스사노오는 딸에게 사랑을 쏟았다.

그는 나라를 지배하는 것보다 가족을 아끼는 것을 우선시한 것이다. 그래서 자신의 딸을 좋아하는 오오쿠니누시에게 많은 시련을 준 것이다. 그리하여 이 시련을 이겨낸 오오쿠니누시를 사위로 인정하고, 나라 창건을 명령하고 딸을 남겨두고 떠나간다. 소중한 딸을 생각하고 맡길 수 있는 남자인지 아닌지를 시험한 것이다. 조금 장난기가 많지만 미워할 수 없는 마음씨 착한 신이다.

힘은 세지만 외로움을 많이 탄다. 여러분 주위에 그런 사람이 있을 것이다. 그것이 스사노오이다. 어머니를 그리워하고 아내를 사랑하고 딸을 생각한다. 스사노오는 가족을 생각하는 마음이 마지막까지 한결같았다. 많은 사람들이 사명과 가족에 대한 생각으로 몹시 괴로워하며 본래의 삶과는 다른 선택을 하기 쉽다. 타인이 뭐라고 하든 자신의 마음을 관철한다. 그것도 하나의 용기일지도 모른다.

【소질】
풍양신, 재해를 제거하는 신, 가인의 신, 명부의 신, 거친 신

【공덕】
수해와 화재로부터 보호함, 병 제거, 오곡 풍양

【별칭】
스사노오노미코토(素戔嗚尊), 타케하야스사노오노미코토(建速須佐之男命), 우두천왕(牛頭天王), 기온사마(祇園樣), 천왕님(天王樣)

【계보】
이자나키의 자식, 자식은 우카노미타마, 이소타케루, 오오토시 등

【신을 모시는 신사】
스사노오신사(히로시마현 후쿠야마시), 야사카신사(쿄토후 히가시야마쿠)(도쿄토 히가시무라야마시), 히로미네신사(효고현 히메지시), 츠시마신사(아이치현 츠시마시), 히카와신사(사이타마시 오오미야쿠), 스사신사(시마네현 이즈모시), 스사노오신사(아이치현 토요하시시), 기온신사(코베시 효고쿠)(오카야마현 쿠라시키시), 야하타이즈모신사(도쿄토 하치오지시), 이즈모신사(야마나시현 코후시), 스가신사(토치기현 오야마시), 스가신사(시마네현 운난시), 스가신사(히로시마현 아키타카타시), 쿠시다신사(후쿠오카시 하카타쿠), 그 외 전국 기온신사, 야사카신사, 이야사카신사, 스사노오(素戔嗚)신사, 스사노오(素戔雄)신사, 스사신사, 텐노신사, 턴노사, 츠시마신사, 스가(須賀)신사, 스가(須我)신사, 스가(素鵞)신사, 히카와(氷川)신사, 카와(簸川)신사, 이즈모신사

◆ 스사노오노미코토의 기본 성향-화혼카드 황혼카드 공통사항

타입	신령
❀ 상징성	민감성
❀ 인간관계	느낌에 따라 대한다
❀ 언행의 중심축	자신의 직감을 중심으로 행동한다
❀ 지향하는 바	성공자가 되는 것
❀ 개선하는 방법	변화를 준다
❀ 진로	자유나 명성에 따른다
❀ 가치관	정해져있지 않고 유동적이다
❀ 사고력	감성적이다
❀ 행동력	활동적이다
❀ 적재적소	기획력을 갖고 해결해간다
❀ 사명감	자신의 직감을 닦는다

5-1 스사노오노미코토-화혼 카드

*화혼: 和魂(니기미타마)
신령의 정적인 상태에서의 다정하고 온화한 영력을 가리킨다.

◆ 한결같은 사랑
직감을 믿자
당신의 직감이 정곡을 찌릅니다. 지금은 자신이 정한 일이나 타인의 의견은 제쳐 두어도 상관없습니다. 그 직감을 믿으세요. 직감을 믿을 때 필요한 것은 용기입니다. 그 용기를 주는 존재는 가족이나 소중한 사람의 한결같은 사랑입니다. 믿는 힘이 버팀목이 되어, 넘치는 용기를 북돋아줍니다. 그 특별한 사람을 향한 각별한 생각이 어려움과 슬픔을 극복하는 힘이 될 것입니다.

◆ 스사노오노미코토의 오행과 상징 및 키워드

	화혼	키워드
❖ 오행	목(木)	-가족
❖ 계절	2, 3, 4월(봄)	-어려움
❖ 시간	3~9시	-자신의 생각
❖ 방위	동	-타인의 생각
❖ 컬러	청색, 녹색	-직감을 믿다
❖ 숫자	1, 2	-용기
❖ 덕목	인자함	-주다
❖ 감정	분노	-극복
❖ 본능	수비	-지주
❖ 아이템	허브, 관엽식물	-믿는 힘
❖ 재능	행동력, 정력적, 보스	-한결같은 사랑
		-소중한 사람

5-2 스사노오노미코토-황혼 카드

*황혼: 荒魂(아라미타마)
용맹한 반면, 거칠고 전투적, 때로는 사람에게 재앙을 미치는
영력이며 신의 분노를 가리킨다고도 한다.

◈ 직감의 어긋남
뒷받침을 확보하자
직감이 빗나갈지도 모르니 대책을 세워두어야 합니다. 하고 싶다는 욕구가 앞서, 타
인의 의견을 무시하여 문제가 발생하지 않았나요? 혹은 당신의 뛰어난 촉이 다른 사
람의 아이디어를 빼앗고 있을지도 모릅니다. 그러나 당신은 자신이 타인의 아이디
어를 빼앗고 있다는 생각을 전혀 인지하지 못하고 있을지도 모릅니다. 영적인 능력
은 정신 수양을 통해 개화합니다.지금은 그러한 힘이 중요할지도 모릅니다. 일단 자신
의 행동이 저지를 수 있는 실수를 만회할 준비를 해놓는게 좋습니다.

◈ 스사노오노미코토의 오행과 상징 및 키워드

	황혼	키워드
◈ 오행	금(金)	-촉이 좋음
◈ 계절	8, 9, 10월(가을)	-정신을 닦다
◈ 시간	15~21시	-직감의 어긋남
◈ 방위	서	-욕구
◈ 컬러	하얀색, 금색, 은색	-앞서다
◈ 숫자	7, 8	-타인의 의견
◈ 덕목	정의감	-귀를 기울이다
◈ 감정	슬픔	-뒷받침
◈ 본능	공격	-영적인
◈ 아이템	보석, 귀금속	-무의식
◈ 재능	표현력, 소통, 인맥	-빼앗다
		-아이디어

6. 무나카타 삼 여신

【카드 그림 설명】

이 신들은 아마테라스와 스사노오의 서약에서 태어난 신들이다. 아마테라스가 이 신들에게 무나카타 지방에서 한반도에 이어지는 바다의 길을 지키라는 명을 내려서 이들은 무나카타에 강림했다. 배 앞부분을 보면 국화가 새겨져 있다. 여신들의 옷에는 견수사, 견당사로부터 전해진 나팔꽃과 참죽나무 꽃의 무늬가 있다. 초록색 옷을 입은 여신은 대나무를 들고 있는데, 이는 치쿠부시마(섬)의 쓰쿠부스마신사를 나타낸다. 이 신사의 제신은 총 넷인데, 그 중 한명이 이치키시마히메다.

국화 문양은 천황 및 황실을 나타내는 문양이고 무나카타대사에는 이 천황의 문양이 새겨져 있다고 한다.

◆ 외교의 요직을 맡은 미인 세자매

신에 대한 설명

무나카타 세 여신은 스사노오와 아마테라스가 서약할 때 태어난 신으로 스사노오의의 딸이다. 이 세 자매 중에서도 특히 미인인 이치키시마히메는 물의 신이다. 그래서인도의 신인 변재천과 동일시되기도 했다. 또한 아마테라스로부터 직접 신탁을 받아강림한 신은 니니기와 무나카타 세 여신뿐이다. 그만큼 특별한 신이라고 할 수 있다.

아마테라스는 무나카타 세 여신에게 "무나카타 지방부터 한반도, 지나대륙으로 이어지는 바닷길을 지키며, 역대 천황들을 돕고, 역대 천황들로부터 존경과 숭배를 받으라"고 말하고 무나카타로 강림하게 했다.

셋째 딸인 이치키시마히메는 무나카타타이샤 내의 헤츠미야(辺津宮)에, 둘째 딸인타기츠히메는 무나카타에서 멀리 떨어진 오시마(大島)의 나카츠미야(中津宮)에, 장녀 타고리히메는 더욱 떨어진 오키노섬(沖ノ島)의 오키츠미야(沖津宮)에 자리잡았다.

타고리히메가 자리잡고 있는 오키츠미야가 있는 오키노섬은 섬 자체가 신체(神体)이며, 금기가 있다. 오키노섬에는 오키츠미야에 주재하는 궁사가 단 한 명 뿐이다. 여인을 금하기 때문에 들어갈 수 없다. 그 이유는 타고리히메가 질투심이 많기 때문이라는 설이 있다.

니니기(16번에 등장)는 국내를 굳건히 하고, 무나카타 세 여신은 외적으로부터 나라를 지킨다. 바로 니니기가 국내를 통치하여 번영을 이루는 번영의 신. 무나카타 세여신은 외적의 침입을 막고 평화를 유지하는 신이라고도 할 수 있다.

얼핏 보면 성과를 거둔 자에게만 시선이 집중되기 쉬우나 폭풍우가 오면 진두에 서서 지켜내는 사람이 있다. 평소에는 가만히 움직이지 않지만, 유사시에는 목숨을 걸고 지켜낸다. 행동이란 움직이는 것이라고 생각하기 쉽지만 움직이지 않는 행동도 있다. 그 움직이지 않는 행동을 위해 움직이는 행동을 희생하기도 한다.

오키노섬에 자리잡은 타고리히메도 그렇다. 아마테라스의 명령을 받고 평생 독신으로 지냈다. 타고리히메는 결혼이라는 행동을 희생하고 먼바다를 가만히 응시하는 큰 역할을 완수하고 있다. 결코 돋보이는 일은 아니다. 돋보일 때는 어마어마한 문제를 품었을 때다.누군가에게 평가받는 일도 없이, 맡은 역할에 최선을 다한다.

이치키시마히메는 오오쿠니누시의 아내가 된다. 그것은 무나카타 세 여신을 대표한 결속이 아닐까 한다. 사적인 삶을 버리고 공적인 삶을 산다. 공적인 삶을 살아 온 신일수록 고귀하고 신분이 높은 신이라고 할 수 있다. 왜 아마테라스가 무나카타 세 여신과 니니기에게만 신탁을 내렸는지 그 이유를 알 것 같다.

【소질】
바다의 신, 항해의 신, 외교의 신

【공덕】
해상 안전, 풍어, 교통 안전, 장사 번성, 예능 향상

【별칭】
무나카타삼신(宗像三神)

【계보】
아마테라스와 스사노오의 약속에 의해 태어난 신

【신을 모시는 신사】
무나카타대사(후쿠오카현 무나카타시),이츠쿠시마신사(히로시마현 하츠카이치시),에노시마신사(카나가와현 후지사와시),마츠오타이샤(교토시 니시쿄쿠),아바시리신사(북해도 아바시리시),우토우신사(아오모리현 아오모리시),하치노헤미시마신사(아오모리현 하치노헤시),오키츠시마신사(후쿠시마현 코오리야마시)(후쿠시마현 니혼마츠시),츠노신사(니가타현 나가오카시),마에카와신사(사이타마현 카와구치시),천궁신사(시즈오카현 슈치군 모리마치),후지키리신사(시가현 히가시오우미시),번창신사(교토시 시모교쿠),히무카이대신궁(교토시 야마시나쿠),타시마신사(사가현 카라츠시),무츠가다케신사(후쿠오카현 쿠라테마치),아나미즈오오미야(이시카와현 아나미즈마치),아치신사(오카야마현 쿠라시키시),후치신사(나가사키현 나가사키시) ,그 외 전국 무나카타신사, 이치키시마신사, 이츠쿠시마신사, 변재천궁

◆ 무나카타 삼 여신의 기본 성향-화혼카드 황혼카드 공통사항

타입	제자리를 지키다
◈ 상징성	몽상
◈ 인간관계	이해관계에 따른다
◈ 언행의 중심축	자신의 생각을 중심으로 행동한다
◈ 지향하는 바	실력자가 되는 것
◈ 개선하는 방법	육체를 단련하다
◈ 진로	돈이나 재산을 따른다
◈ 가치관	자신의 굳은 신념으로 판단한다
◈ 사고력	감성적이다
◈ 행동력	신중하다
◈ 적재적소	위기에 대처하는 힘이 있다
◈ 사명감	목표와 계획을 갖춘다

6-1 무나카타 삼 여신-화혼 카드

*화혼: 和魂(니기미타마)

신령의 정적인 상태에서의 다정하고 온화한 영력을 가리킨다.

◈ 투덜거림

죄는 미워하되 사람은 미워하지 마라

마지막으로 이기는 자는 당신입니다. 당신의 존재가 누군가에게 안도감을 주고 있습니다. 당신에게 주어진 일을 계속하면서 당신은 그 누군가에게 지속적으로 안도감을 줄 수 있습니다. 또한 투덜거릴 수 있음에도 잘 참아냅니다. 사람을 탓하지 않고 일에 집중하여 바로잡습니다. 죄는 미워하되 사람은 미워하지 마세요. 사람과 일을 구분하면 당신에게 신뢰가 쌓일 것입니다.

◈ 무나카타삼여신의 오행과 상징 및 키워드

	화혼	키워드
❖ 오행	화(火), 토(土)	-투덜거림
❖ 계절	5, 6, 7월(여름)	-일을 바로잡다
❖ 시간	9~15시	-마지막으로 이기다
❖ 방위	남, 남동, 북서	-당신
❖ 컬러	적색, 주황색, 황색, 갈색	-존재
❖ 숫자	3, 4, 5	-안도감
❖ 덕목	예의, 신뢰	-계속 하다
❖ 감정	기쁨, 생각	-신뢰
❖ 본능	전달, 매력	-사람을 책하지 않다
❖ 아이템	미술품, 커피	-불평불만
❖ 재능	창조적, 소통, 인맥	-사람을 미워하지 마라
		-죄를 미워하다

6-2 무나카타 삼 여신-황혼 카드

*황혼: 荒魂(아라미타마)

용맹한 반면, 거칠고 전투적, 때로는 사람에게 재앙을 미치는
영력이며 신의 분노를 가리킨다고도 한다.

◈ 역할

집착을 버리다

당신의 부족한 부분은 다른 사람이 메꿀 수 있도록 기회를 줍시다. 스스로 할 수 있
다는 것은 좋은 일입니다. 그러나 자신이 할 수 있다고 모든 일을 스스로 한다면 주
위 사람이 활약할 수 있는 자리를 빼앗고마는 결과를 초래할 지도 모릅니다. 상대방
을 향해서 '할 수 없다'가 아니라 '할 수 있다'고 믿고 맡기세요. "너는 왜 못 하니?"가
아니라 "너라면 할 수 있을 거야."라는 긍정적 관계를 형성하는 것으로 그 사람에게
용기를 줄 것입니다.

◈ 무나카타삼여신의 오행과 상징 및 키워드

	황혼	키워드
❖ 오행	수(水)·토(土)	-빼앗다
❖ 계절	11, 12, 1월(겨울)	-집착
❖ 시간	21~3시	-부족한 부분
❖ 방위	북, 남서, 북동	-살리다
❖ 컬러	검은색, 보라색, 황색, 갈색	-자력
❖ 숫자	9, 0, 6	-타인의 힘
❖ 덕목	지혜나 지성, 신뢰	-활약의 자리
❖ 감정	두려움, 생각	-버리다
❖ 본능	습득, 매력	-역할
❖ 아이템	감실 (神棚), 따뜻한 색 조명	-믿다
❖ 재능	창조적, 표현, 행동력	-할 수 있다
		-할 수 없다

7.아메노우즈메노미코토

화혼카드

바보가 되다

아에노우즈메노미코토
수처심을 털쳐 버리다

황혼카드

인정받고 싶은 욕구

아메노우즈메노미코토
파장되어 있을지도

【카드 그림 설명】

스사노오의 횡포한 행위에 충격을 받은 아마테라스는 바위에 숨어버린다. 그녀가 숨어버린 탓에 세상에서 빛이 없어졌다. 다시 아마테라스를 밖으로 나오게 하기 위해서 신들은 의논한다. 그때 한 신이 아마테라스가 숨은 바위 앞에서 아메노우즈메가 춤을 추는 것은 어떤지 제안했고 아메노우즈메는 가슴을 드러내며 춤을 춘다. 그 모습에 다른 신들은 박장대소했고, 밖에 상황이 궁금해진 아마테라스는 살짝 바위 문을 연다. 그림 오른쪽에 문을 조금 연 아마테라스의 존재를 확인할 수 있다.

아메노우즈메의 왼손에는 풀을 감은 창이 있는데, 이 창을 들고 힘차게 에로틱한 춤을 추어서 분위기를 돋구었다. 또한 아메노우즈메의 허리에 검이 보인다. 고사기에 이런 기술이 있다.

아메노우즈메가 바다에 지내는 모든 물고기에 "너희들은 천신을 섬기겠습니까?"라고 물었다. 그 때 물고기들은 모두 "섬기겠습니다"라고 답했지만, 해삼만 답을 하지 않았다. 그래서 아메노우즈메가 해삼에게 "그 입은 답을 못하는 입인가요?"하고 작은 검으로 그 입을 가르고 말았다. 그래서 지금도 해삼의 입은 갈라져 있다고 한다.

◈ 신사 예능인 카구라(神楽 신에게 드리는 노래나 춤)의 조상신
신에 대한 설명

아메노우즈메라고 하면 가슴을 드러내고 신들을 웃기는 경박한 사람의 이미지가 있을 것이다. 유명한 이야기가 "아마노이와토(天岩戸)"이다. 아마테라스는 남동생 스사노오의 방약무인한 행동에 충격을 받아 아마노이와토에 숨는다. 태양의 신인 아마테라스가 바위에 숨으면서 타카마가하라(高天原)는 어둠에 휩싸여 여러 재앙이 일어난다. 이에 난처한 많은 신들은 회의를 연다. 이때 지혜를 관장하는 타카무스비의 아들 오모이카네의 제안으로 아마테라스가 숨은 바위 앞에서 다양한 의식을 행했다. 그런데 아메노우즈메가 가슴을 드러내고 춤을 추기 시작한다.

아메노우즈메는 왜 그렇게까지 해야만 했을까? 아마테라스의 관심을 끌기 위해서는 모든 신들을 진심으로 기쁘게 해야 했다. 그러기 위해 몸을 사리지 않고 춤을 추었던 것이다. 그것을 본 신들은 박장대소했다. 그런 밖의 상황이 궁금해지는 아마테라스.

아메노우즈메가 "당신보다 귀한 신이 나타나서 다 같이 기뻐하는 것입니다."하고 외쳤다. 그러자 아마테라스는 "그게 정말이야?"하며 바위틈에서 얼굴을 내비친다. 거기에 잽싸게 거울을 들이 밀어 아마테라스의 모습을 비춘다. 아마테라스는 정말 자신과 많이 닮은 신이라고 생각해 조금 더 자세히 보려고 바위틈을 더 벌렸다. 그 순간 힘이 센 신인 아메노타지카라오가 아마테라스의 손을 잡아 바위 밖으로 끌어내고 바위에 줄을 쳤다.

이것이 신사에서 볼 수 있는 시메나와(注連縄) 즉 '금줄'이다. 그리고 아마테라스를 비춘 거울은 삼종 신기 중 하나인 '야타거울(八咫鏡)'이다. 이것이 축제의 기원이라고 일컬어지고 있다. 축제란 부정을 없애는 신사의 최대 행사(神事)이며, 부정이란 '성냄·괴로움·슬픔·근심·두려움' 와 같은 감정이다. 이 감정이야 말로 문제를 일으키는 근원이다.

이 감정을 배제하는 방법은 '불제(재앙을 물리치는 기도와 각종 행위)'와 '목욕 재계'이다.

즉, 순수한 상태란 언제나 웃고 노래하고 춤을 춘다. 또 아메노우즈메는 니니기와 함께 천손 강림하는 다섯명의 신 중 한 명이기도 하다. 그 강림 도중에 길을 잃고 당황하고 있을 때 타카마가하라에서 나카츠쿠니(中津国-천상과 저승의 사이에 있는 나라)까지를 비추는 신이 나타난다.

아마테라스가 "당신은 주눅 들지 않으니까 아메노우즈메 당신이 그의 이름을 물어 보라."고 해서 이름을 물은 신이 사루타히코다. 아메노우즈메는 그 사루타히코의 아내가 되어 '사루메(猿女)'라고 불리게 되었다. 이세(伊勢)의 사루타히코신사 경내에는 사루타히코신사의 본전과 마주 보도록 사루메신사가 세워져 있다. 아메노우즈메는 거기서 예능의 신으로서 신앙되고 있다. 지금도 많은 연예인들이 무대 기원을 위해 찾아온다고 한다.

【소질】
예능의 신, 배우의 신, 무악의 신

【공덕】
예능 향상, 무예 전반 수호

【별칭】
아메노우즈메(天宇受賣), 미야비노카미(宮比神), 오호미야노메노미코토(大宮能売命), 오타후쿠, 오카메

【계보】
불명

【신을 모시는 신사】
우즈메신사(나가노현 키타아즈미군),토가쿠시신사·히노미코샤(나가노현 나가노시),사루타히코신사·사루메신사(미에현 이세시),츠바키키시신사(미에현 욧카이치시),오고소신사(미에현 욧카이치시),아라타테신사(미야자키현 니시우스키군 타카

치호쵸),쿠루마자키신사·예능신사(교토시 우쿄쿠),미야비신사(아키타현 유리혼죠시),아라카와신사(니가타현 타이나이시),호코츠키신사(야마나시현 후에후키시),카스메카스가신사(아이치현 토요타시),시와히메신사(미야기현 오오사키시),이쿠노신사(교토후 후쿠치야마시),오오타신사(교토시 키타쿠),사루타히코신사(교토시 카미교쿠),이즈모지사이신사(시마네현 야스기시),코소시신사(시마네현 마츠에시),노시라신사(시마네현 마츠에시),아오이신사(도쿄도 이나기시),사구에신사(미야기현 나토리시),그 외 각지 신사에 '미야비노카미'로서 모셔진다.

◆ 아메노우즈메노미코토의 기본 성향-화혼카드 황혼카드 공통사항

타입	청춘기
❖ 상징성	첨단
❖ 인간관계	신뢰관계에 따른다
❖ 언행의 중심축	타인의 생각을 중심으로 행동한다
❖ 지향하는 바	인격자가 되는 것
❖ 개선하는 방법	중복하지 않는다
❖ 진로	사랑이나 우정에 따른다
❖ 가치관	자신의 굳은 신념으로 판단한다
❖ 사고력	이론적이다
❖ 행동력	능동적이다
❖ 적재적소	개인의 힘을 최대한 발휘한다
❖ 사명감	믿고 인내한다

7-1 아메노우즈메노미코토-화혼 카드

*화혼: 和魂(니기미타마)
신령의 정적인 상태에서의 다정하고 온화한 영력을 가리킨다.

◈ 바보가 되다
수치심을 떨쳐 버리다

지금의 당신에게는 사람을 끌어당기는 매력이 있습니다. 수줍음을 버리고 마음껏 표현합시다. 당신의 용기가 시험대에 올랐습니다. 머리만으로 생각하지 말고 때로는 바보가 되는 것도 중요합니다. 아무리 현명하다고 해도 바보가 될 수 있는 사람에게는 적이 없습니다. 인기쟁이란 사람에게 기를 북돋우는 사람을 말합니다. 당신의 모습이 주위 사람에게 용기를 줄 것입니다.

◈ 아메노우즈메노미코토의 오행과 상징 및 키워드

	화혼	키워드
❖ 오행	화(火), 토(土)	-표현
❖ 계절	5, 6, 7월(여름)	-바보가 되다
❖ 시간	9~15시	-끌어당기다
❖ 방위	남, 남동, 북서	-매력
❖ 컬러	적색, 주황색, 황색, 갈색	-부끄러움
❖ 숫자	3, 4, 5	-버리다
❖ 덕목	예의, 신뢰	-마음껏
❖ 감정	기쁨, 생각	-수치심
❖ 본능	전달, 매력	-기를 주다
❖ 아이템	미술품, 커피	-인기쟁이
❖ 재능	자립심, 표현, 봉사	-시험대에 오르다
		-용기

7-2 아메노우즈메노미코토-황혼 카드

*황혼: 荒魂(아라미타마)
용맹한 반면, 거칠고 전투적, 때로는 사람에게 재앙을 미치는
영력이며 신의 분노를 가리킨다고도 한다.

◈ 인정받고 싶은 욕구

과장되어 있을지도

자기자신이 개성을 가지고 있지 않다고 느끼고, 지식을 자랑하거나 과장된 행동으로 다른 이들의 주목을 끌려고 하지 않나요? 이러한 행동은 부조화를 만들고 고립감을 심화할 수 있습니다. 그러나 당신의 개성은 말하지 않아도 전해집니다. 그래도 불안하면 자기자신을 객관적으로 살펴봅시다. 자신의 재능을 적절하게 활용하는 것으로 행복감을 얻을 수 있을 것입니다.

◈ 아메노우즈메노미코토의 오행과 상징 및 키워드

	황혼	키워드
❦ 오행	수(水), 토(土)	-멋대로 행동하다
❦ 계절	11, 12, 1월(겨울)	-행복감
❦ 시간	21~3시	-개성
❦ 방위	북, 남서, 북동	-가질 수 없다
❦ 컬러	검은색, 보라색, 황색, 갈색	-표현
❦ 숫자	9, 0, 6	-과장
❦ 덕목	지혜나 지성, 신뢰	-주목
❦ 감정	두려움, 생각	-승인욕구
❦ 본능	습득, 매력	-적절한 활용
❦ 아이템	감실 (神棚), 따뜻한 색 조명	-불안
❦ 재능	자립심, 행동력, 정력적	-고립감
		-부조화

8.아메노타지카라오노미코토

화혼카드	황혼카드

【카드 그림 설명】

아마테라스가 바위에 숨었을 때 살짝 나온 아마테라스의 팔을 끌어당겨서 밖으로 꺼낸 힘이 센 신이다. 아메노타지카라오는 아마테라스를 밖으로 꺼낸 후 바위에 줄을 쳐서 두번 다시 못 들어가게 했다. 그 때 바위를 던지는 모습이 그림에 그려져있다. 그 바위는 토가쿠시산에 떨어졌다는 설이 있어 오른쪽 배경은 그 산을 표현하고 있는 것 같다. 토가쿠시산에는 토가쿠시신사가 있는데 그 신사보다 뒤에 있는 신사의 제신이 아메노타지카라오다. 이를 그의 바지의 무늬에서 알 수 있다. 또한 그 뒤에는 불이 타오르고, 다리쪽에 검이 보인다.

불은 사악한 기운을 태우는 불이고, 검은 이것을 베어내는 검이다.

◈ 힘이 넘치는 괴력의 신

신에 대한 설명

아메노타지카라오는 타카마가하라(천계)에서 가장 힘이 센 신이다. '아마노이와토'에서 활약한 이야기가 유명하다. 아마테라스가 동굴에 틀어박혀 있을 때 아마테라스를 구할 유일무이한 존재로 선정된 것이 아메노타지카라오다.

힘이 센 신은 이외에도 많았을 것이다. 그러나 그 중에서 대표로 뽑힌 아메노타지카라오는 많은 신들 중에서도 믿을 수 있는 괴력 대신중의 한 명이다. 동굴에 틀어박혀 있는 아마테라스를 밖으로 꺼내기 위해 신들은 다음과 같은 작전을 펼쳤다.

"아마테라스를 많이 닮은 신이고, 아마테라스보다 귀한 신이 나타났다!"이를 축하하며 신들은 다 같이 크게 떠든다. 그때 옷을 벗고 춤을 추며 흥을 돋운 자가 아메노우즈메이다. 아마테라스는 바깥 상황이 궁금해져 동굴을 살짝 열고 들여다보니 거기에는 자신을 많이 닮은 신이 있었다. 거울에 비치는 모습이 자신 인 줄 모르는 아마테라스는 더 자세하게 보고 싶은 마음이 들어 한 걸음 더 내디뎠다.

그러자 아메노타지카라오가 아마테라스의 팔을 잡아당겨 밖으로 꺼내고, 바위에 줄을 쳐 다시는 들어갈 수 없게 했다. 그때 던진 바위 문이 히나타(日向)에서 시나노노쿠니(信濃国) 토가쿠시산(戸隠山)에 떨어졌다는 설도 있다.

이때 친 줄이 현재 신사에 있는 '시메나와(しめ縄 금줄)'가 되었다. 아마테라스를 비춘 거울이 삼종 신기 중 하나인 '야타 거울(八咫鏡)'이다. 또 아메노타지카라오를 부동명왕과 동일시하였다는 일화도 있어 부동명왕 검과 줄을 들고 등에는 불꽃이 활활 타오르는 모습을 하고 있기도 하다. 이는 악인이나 사심을 줄로 묶고 검으로 베고 불로 태우기 위해서다.

아메노타지카라오는 그 후 아마테라스로부터 아시하라노나카츠쿠니(지상)을 통치하라는 명령을 받은 니니기가 타카마가하라(천계)에서 아시하라노나카츠쿠니에 천손 강림할 때 함께 강림해 아시하라노나카츠쿠니를 개척했다. 또 야마토히메노미코토가 아마테라스를 모실 장소를 찾는 8년 동안, 하세야마구치니마스신사(長谷山口坐神社-이세신궁이 현재 위치에 정할 때까지 일시적으로 모셔진 장소)에 모실 때 아메노타지카라오를 수호신으로 봉하였다.

이는 잘 알려져 있지 않지만, 이세신궁 내궁의 제신은 아마테라스이지만 실은 아메노타지카라오는 이세신궁 내궁의 상전신(相殿神-주신을 포함해 여러 신을 함께 모심)으로 모셔져 있다. 이 때문에 이세에는 아메노타지카라오를 모시는 신사가 많다.

괴력을 지닌다는 이미지가 있는 아메노타지카라오는 예로부터 사람들에게 인기가 많았다. 그래서 각지에 아메노타지카라오가 등장하는 신악(神楽-신에게 봉납하는 노래와 춤)으로 만든 극이 전해진다. 그 괴력으로 아메노타지카라오는 힘의 신, 스포츠의 신으로 알려져 있다. 많은 운동선수들이 아메노타지카라오와 관계가 있는 신사를 방문하고 있다.

【신격】
힘의 신, 기예

【공덕】
기예 향상, 운동 향상, 가정 안전, 개운 초래, 액막이, 오곡풍양

【별칭】
아메노타지카라오노카미(天手力男神), 아메노타지카라오노미코토(天手力雄命)

【계보】
불명

【신을 모시는 신사】
사나신사(미에현 타키군 타키쵸),토가쿠시신사(나가노현 나가노시),하세야마구치니이마스신사(나라현 사쿠라이시),시라이신사(효고현 아마가사키시),오야마신사(토야마현 나카니이카와군 타테야마마치),테지카라오신사(기후현 기후시),테지카라오신사(기후현 카카미가하라시),토아케신사(키타큐슈시 와카마츠쿠),아메노타나가오신사(나가사키현 이키시),코타이신궁 내궁(미에현 이세시),히키테치카라노미코토신사(시즈오카현 이토시),오오쿠라신사(후쿠이현 츠루가시),오오마츠리아메노이와토히코신사(시마네현 하마다시),카미베신사(야마나시현 호쿠토시),리키시신사(와카야마현 와카야마시),아메노이와토와케신사(오카야마현 미마사카시),이와토와

케신사(후쿠시마현 이시카와군 후루도노마치),사쿠신사(효고현 토요오카시),이소베이나무라신사(이바라키현 사쿠라가와시),기요미즈신사(나가노현 나가노시),그외 전국 신사

◈ 아메노타지카라오노미코토의 기본 성향-화혼카드 황혼카드 공통사항

타입	청춘기
❖ 상징성	첨단
❖ 인간관계	신뢰관계에 따른다
❖ 언행의 중심축	타인의 생각을 중심으로 행동한다
❖ 지향하는 바	인격자가 되는 것
❖ 개선하는 방법	중복하지 않는다
❖ 진로	사랑이나 우정에 따른다
❖ 가치관	자신의 굳은 신념으로 판단한다
❖ 사고력	이론적이다
❖ 행동력	능동적이다
❖ 적재적소	개인의 힘을 최대한 발휘한다
❖ 사명감	믿고 인내한다

8-1 아메노타지카라오노미코토-화혼 카드

*화혼: 和魂(니기미타마)

신령의 정적인 상태에서의 다정하고 온화한 영력을 가리킨다.

◈ 멋진 착각

근거 없는 자신감

이제 당신 차례입니다. 당신은 주변의 요청으로 중대한 임무를 맡게 됩니다. 그런데 그렇게 된 이유가 멋진 착각과 근거 없는 자신감입니다. 근거 없는 자신감이란 의욕·용기·기력 그리고 기세나 활력입니다. 다소 막무가내라도 괜찮습니다. 당신의 힘을 믿으세요. 운도 내 편으로 만들 수가 있습니다. 그리고 믿을 수 있는 협력자의 도움으로 문제의 해결책을 찾을 수 있을 것입니다.

◈ 아메노타지카라오노미코토의 오행과 상징 및 키워드

	화혼	키워드
❖ 오행	화(火), 토(土)	-기세나 활력
❖ 계절	5, 6, 7월(여름)	-협력자
❖ 시간	9~15시	-당신의 차례
❖ 방위	남, 남동, 북서	-요청 받다
❖ 컬러	적색, 주황색, 황색, 갈색	-중대한 임무
❖ 숫자	3, 4, 5	-멋진 착각
❖ 덕목	예의, 신뢰	-근거 없는 자신감
❖ 감정	기쁨, 생각	-해결책
❖ 본능	전달, 매력	-신뢰
❖ 아이템	미술품, 커피	-운도 아군
❖ 재능	자립심, 표현, 봉사	-힘을 믿다
		-강인

8-2 아메노타지카라오노미코토-황혼 카드

*황혼: 荒魂(아라미타마)

용맹한 반면, 거칠고 전투적, 때로는 사람에게 재앙을 미치는 영력이며 신의 분노를 가리킨다고도 한다.

◈ 신뢰

눈에 보이는 모양으로 제시하다

당신이 잘하는 일은 무엇인가요? 또, 잘 못하는 일은 무엇인가요? 잘하는 일을 향상시킬지, 잘 못하는 일을 보완할지를 결정해야 합니다. 지금의 자신을 표현하고 성과를 내고 싶다면 잘하는 일을, 사람으로부터 신뢰를 얻고 싶다면 잘 못하는 일에 최선을 다하는 것입니다. 당연한 일을 당연하듯이 하는, 특별한 일이 아닌 극히 평범한 일을 철저하게 완수하는 것이 관건이 됩니다.

◈ 아메노타지카라오노미코토의 오행과 상징 및 키워드

	황혼	키워드
❖ 오행	수(水), 토(土)	-잘 못하는 일에 집중
❖ 계절	11, 12, 1월(겨울)	-눈에 보이는 형태
❖ 시간	21~3시	-잘하는 일
❖ 방위	북, 남서, 북동	-잘못하는 일
❖ 컬러	검은색, 보라색, 황색, 갈색	-뭔가를 향상하다
❖ 숫자	9, 0, 6	-결정해야 하다
❖ 덕목	지혜나 지성, 신뢰	-성과를 고른다면 잘하는 일을
❖ 감정	두려움, 생각	-돌아오다
❖ 본능	습득, 매력	-신뢰
❖ 아이템	감실 (神棚), 따뜻한 색 조명	-매사 철저하게
		-일상 생활
❖ 재능	자립심, 행동력, 정력적	-당연하다

9. 오오쿠니누시노오오카미

【카드 그림 설명】

오오쿠니누시는 보따리를 들고 있는데 여기에는 일곱가지의 보석이 들어있다고 한다. 카드에 등장하는 토끼는 배경에 보이는 섬 오키노시마에서 이나바로 넘어왔는데, 그때 상어를 속이는 바람에 가죽이 다 벗겨지고 말았다. 아파하던 토끼는 길을 먼저 가고 있던 신들(형들)과 만난다. 그때 신들은 치료법을 알려주지만, 그 치료는 더 토끼를 아프게 하는 거짓이었다. 그때 뒤를 가던 오오쿠니누시가 이 토끼와 만난다. 그는 토끼에게 큰잎부들을 바르면 낫는다고 알려주었고, 토끼는 바로 좋아졌다. 토끼는 그에게 "야가미히메는 당신을 선택할 것이다."고 예언하고, 그 말대로 둘은 결혼한다. 이 토끼야 말로 유명한 '이나바의 흰 토끼'다.

◆ 의지를 관철한 신

신에 대한 설명

오오쿠니누시라고 하면 이즈모오오야시로(出雲大社)의 제신(御祭神).

마음씨 좋은 오오쿠니누시는 다정할 뿐만 아니라 머리도 좋아 의술에도 능통하였다. 다만, 그 다정함과 우수함 때문에 형들의 질투를 샀다. 유명한 이야기는 '이나바노시로우사기(因幡の白兎)'이다. 오오쿠니누시가 야가미히메라는 여신과 결혼한 일로 형들로부터 질투를 산다. 그래서 오오쿠니누시는 몇 번이나 살해당한다. 그 때마다 모친이 아마츠카미(天津神)에게 부탁해서 살려낸다. (신이라서 몇번이나 되살아나는 듯 하다.) 모친이 마지막으로 의지한 신은 오오쿠니누시로부터 6대째 앞의 조상인 스사노오(須佐之男命)이다.

오오쿠니누시는 스사노오를 만나러 이즈모노쿠니(出雲の国)까지 간다. 그리고 이즈모에 도착한 후, 첫눈에 반한 한 여성을 만났다. 그 여성이야 말로 스사노오의 딸 스세리비메이다. 오오쿠니누시는 스사노오에게 인정 받기 위해 다양한 시련을 극복한다. 그 모습에 스사노오는 오오쿠니누시를 사위로 인정하고 스세리비메와 결혼하는 것을 허락한다. 뿐만 아니라, 아시하라노나카츠쿠니(葦原中国)를 통치하도록 대업을 맡겼다. 오오쿠니누시는 스쿠나비코나(잇슨법사一村法師의 모델)와 함께 나라를 창건한다. 나라의 창건은 순조롭게 진행되지만, 어느 날 갑자기 스쿠나비코나가 "더 이상 나는 필요 없을 것 같다."고 하며 바다 저 건너로 떠나버린다.

갑작스러운 일에 난감해진 오오쿠니누시, 그 때 바다 저쪽에서 눈부시게 빛나는 신이 출현하여 "야마토쿠니(大和国)의 미와야마(山輪山)에 나를 모시도록 하라."는 목소리가 어디선가 들려왔다. 오오쿠니누시는 "그대는 누군가?"하고 물었다. 그 목소리는 "나는 너의 사키미타마(幸魂), 쿠시미타마(奇魂)이다."라고 대답하였다. 그렇다, 그 소리는 오오쿠니누시 자신의 영혼의 목소리였던 것이다. 두렵고 불안하더라도 의심하지 말고, 자신이 결정한 일을 끝까지 관철하라. 그것이 당신의 참된 소원이다. 무엇을 의심하느냐? 의심하지 마라. 의심스럽다면 자기가 결정한 자신의 의지가 흔들리고 있다고 있다는 것을 의심해야 한나. 이것은 길을 잃고 빙황할 때 누구리도 겪는 일이며, 모든 사람이 공통적으로 경험하는 일인 것이다.

이즈모오오야시로의 축사 마지막 부분에 "사키미타마, 쿠시미타마, 마모리타마에 사키와에타마헤(幸魂奇魂守給幸給 조상이 우리들에게 보내는 사랑과 기도의 말이다)"하고 외친다.

이 나라는 전쟁으로 만들어진 나라가 아니다. 여성을 사랑하고, 그 사랑을 관철하고, 다양한 시련을 극복하여, 그 마음을 인정 받음으로써 국가 창건이 시작되었다. 이 나라 국토의 형태를 완성한 이자나키와 이자나미도 그러하다. 두 사람의 사랑으로 국가를 창건하였던 것이다.

【소질】
국가 창건의 신, 농업 신, 상업 신, 의료 신, 결혼의 신(인연을 맺어주는 신)

【공덕】
결혼, 출산의 신, 부부화합, 의약, 질병치유, 산업개발, 교통·항해 수호, 사업 번창, 양잠수호, 오곡풍양

【별칭】
우츠시쿠니타마노카미(宇都志国玉神), 오오모노누시노카미(大物主神), 쿠니츠크리오오나무치노미코토(国作大己貴命), 아시하라시코오노카미(葦原色許男神), 오오나무치노카미(大穴牟遲神), 야치호코노카미(八千矛神)

【계보】
스사노오의 아들 또는 6세의 손자, 7세의 손자

【신을 모시는 신사】
이즈모오오야시로(시마네현 이즈모시),오오사키신사(토치키현 모오카시),오오쿠니타마신사(도쿄도 후츄시),케타타이샤(이시카와현 하쿠이시),케타혼구우(이시카와현 나나오시),오쿠니신사(시즈오카현 슈치군),히요시타이샤(니시혼구 , 시가현 오오츠시),토가신사(아이치현 토요카와시),이즈모다이신궁(교토부 카메오카시),아타고신사(교토부 카메오카시),이치노미야신사(후쿠치야마시),오오쿠니누시신사(오사카후 오사카시),도우묘지텐만구우·모토미야하지샤(오사카후 후지이데라시),오오

미와신사(나라현 사쿠라이시),타카사고신사(효고현 타카사고시),히로우신사(와카야마현 나치카츠우라쵸),야호코신사(토쿠시마현 아난시),야쿠시신사 전국각지,기타, 전국의 이즈모신사

◈ 오오쿠니누시노오오카미의 기본 성향–화혼카드 황혼카드 공통사항

타입	아기
❀ 상징성	대자연
❀ 인간관계	신뢰 관계에 따른다
❀ 언행의 중심축	타인의 생각을 중심으로 행동한다
❀ 지향하는 바	인격자가 되는 것
❀ 개선하는 방법	수동적이다
❀ 진로	사랑과 우정에 따른다
❀ 가치관	정해져 있지 않고 유동적이다
❀ 사고력	감성적이다
❀ 행동력	활동적이다
❀ 적재적소	기획력을 가지고 해결한다
❀ 사명감	믿고 인내한다

9-1 오오쿠니누시노오오카미-화혼 카드

*화혼: 和魂(니기미타마)

신령의 정적인 상태에서의 다정하고 온화한 영력을 가리킨다.

◈ 인품

중요하고 소중한 사람

당신의 인품이 어딘가에 따라 모든 것이 결정됩니다. 스킬과 테크닉도 중요하지만, 당신의 인품으로 모성본능을 자극하여 누군가로부터 큰 도움을 받을 수 있을지도 모릅니다. 상대방은 혹시 당신이 어떤 것을 말해도 용서해 주는 사람인가요? 그렇다면 그 사람은 당신에게 매우 소중한 사람일지도 모릅니다. 특히 나이 차이가 많이 나는 존재일 수도 있습니다. 유머는 당신의 인간관계를 더 부드럽게 만들어줄 것입니다.

◈ 오오쿠니누시노오오카미의 오행과 상징 및 키워드

	화혼	키워드
🌊 오행	목(木)	-말하고 싶은 것
🌊 계절	2, 3, 4월(봄)	-유머
🌊 시간	3시~9시	-인품 활용
🌊 방위	동	-스킬
🌊 컬러	청색, 녹색	-테크닉
🌊 숫자	1, 2	-모성
🌊 덕목	인자함	-조력을 구하다
🌊 감정	분노	-사람을 이어주다
🌊 본능	수비	-수동적
🌊 아이템	허브, 관엽식물	-나이 차이가 나는 사람
🌊 재능	표현력, 커뮤니케이션, 인맥	-소중한 사람
		-용서해 주는 사람

9-2 오오쿠니누시노오오카미-황혼 카드

*황혼: 荒魂(아라미타마)

용맹한 반면, 거칠고 전투적, 때로는 사람에게 재앙을 미치는
영력이며 신의 분노를 가리킨다고도 한다.

◈ 재기

몇 번이라도 일어서다

강한 마음, 강인한 의지, 끊임없는 노력, 그것은 당신이 갖고 있는 특별한 힘입니다.
그러나, 그 힘을 질투하거나 방해하는 사람이 나타날지도 모릅니다. 그러한 이유로
인해서 당신은 마음을 다스리기 위해서 어쩔 수 없이 정신적인 수행을 하게 됩니다.
한편, 엄마처럼 사랑해 주고 도와주는 사람도 나타납니다. 마지막 해답은 당신 손 안
에 있으며 지금 당신에게 필요한 모든 일이 일어날 것입니다.

◈ 오오쿠니누시노오오카미의 오행과 상징 및 키워드

	황혼	키워드
◈ 오행	금(金)	-특별한 힘
◈ 계절	8, 9, 10월(가을)	-필요한 일
◈ 시간	15시~21시	-재기
◈ 방위	서	-다시 일어서다
◈ 컬러	하얀색, 금색, 은색	-강한 생각
◈ 숫자	7, 8	-강한 의지
◈ 덕목	정의감	-끊임없는 노력
◈ 감정	슬픔	-일어나다
◈ 본능	공격	-마지막 해답
◈ 아이템	보석, 귀금속	-수용
◈ 재능	크리에이티브, 최첨단, 아이디어	-정신적 수행
		-질투의 대상이 되다

10. 야가미히메

화혼카드

황혼카드

【카드 그림 설명】

오오쿠니누시의 아내 야가미히메. 그러나 형들로부터 쫓겨난 오오쿠니누시와 함께 살 수 없었다. 이즈모노쿠니의 스사노오에게 간 오오쿠니누시가 거기서 새로운 아내를 맞이했기 때문이다. 그녀는 스사노오의 딸 스세리비메였고 매우 괄괄한 여신이었다.

야가미히메는 오오쿠니누시의 아이를 임신하고 있어, 이즈모까지 찾아왔다. 그 때 그녀를 막은 사람이 질투가 심한 스세리비메였다. 야가미히메는 스세리비메의 괴롭힘을 견디지 못해 다시 돌아간다. 도중에 낳은 아이를 나무 가지에 걸어둔 모습이 보인다. 야가미히메의 아이를 향한 얼굴은 미소 짓고 있지만, 입을 가려 슬픔을 견디고 있다. 오른손으로는 아이에게 이별 인사를 하고 있다.

◆ 정직하고 올곧은 신
신에 대한 설명

야마미히메는 오오쿠니누시의 첫번째 부인이다. 오오쿠니누시의 형들인 야소가미 (八十神)가 아름다운 여신이 있다는 소식을 듣고 그 여신을 만나러 간다. 가는 도중에 가죽이 벗겨진 토끼와 만난다. 그 토끼는 '이나바노시로우사기(因幡の白兎)'이다. 형들은 이 토끼에게 거짓말을 하고, 괴롭히지만, 마침 그 뒤에 지나가던 오오쿠니누시는 그 토끼를 치료해주고 낫게 한다. 그러자 흰 토끼는 "야가미히메노미코토 님은 마음이 고운 당신을 선택할 것입니다."고 예언한다.

야소가미가 야가미히메를 만나자, 야가미히메는 "저는 당신들이 말하는 것을 듣지 않겠습니다. 저는 오오쿠니누시 님과 결혼하려고 합니다."고 말한다. 그것을 들은 야소가미는 미쳐 날뛰며 오오쿠니누시를 몇 번이고 살해한다.

모친이 "이대로 라면 너는 정말로 죽게 될 것이니, 이즈모노쿠니의 스사노오 님 거처에 몸을 숨겨라."하고 이즈모(出雲)로 도망가게 한다. 오오쿠니누시는 야가미히메와 살지 못하고, 이나바노쿠니(因幡国)에 그녀를 남겨두고 떠난다. 오오쿠니누시는 이즈모에 당도해서, 어떤 아름다운 여신과 만나는데, 그 여신은 스사노오의 딸인 스세리비메이다. 두 사람은 서로 끌려 결혼하게 된다. 그리고 스사노오의 명령으로 국가를 창건한다.

그 무렵 야가미히메는 오오쿠니누시의 아이를 임신하여, 해산달이 가까워지고 있었고 그 때문에 이즈모노쿠니까지 오오쿠니누시를 찾아 간다. 그러나 기가 드센 스세리비메의 질투로 인한 괴롭힘을 견디지 못한 야가미히메는 오오쿠니누시의 결을 떠나게 되었다. 돌아가는 도중에 태어난 아이를 나무 가지에 걸어 두고 이나바로 돌아가버린 것이다. 왜, 야가미히메는 이와 같은 운명을 맞이하게 되었을까?

여기서 야가미히메가 야소가미를 만났을 때로 돌아가보자. 만약에, 야가미히메가 야소가미를 만났을 때, 어떤 신인지를 살펴보았더라면 "당신들과 함께 하지 않는다."는 말은 히지 않았을 것이다. 그 말이 원인이 되어 오오쿠니누시는 야소가미에게 몇 번이고 죽임을 당하게 되었기 때문이다. 타인의 기분, 그리고 말과 행동을 배려하였더라면 과연 이런 결말을 맞이하였을까?

언뜻 보기에, 괴롭힘을 당하고 쫓겨난 야가미히메가 측은해 보인다. 그러나, 문제는 다른 곳에 있는지도 모른다. 야가미히메는 결코 나쁜 마음은 없었을 것이다. 그래도 이러한 사태를 맞이하게 된 이유는 무엇일까? 너무 아름답다고 주위에서 추켜올리는 바람에 마음이 들떠서 타인의 사소한 기분을 살피지 못했기 때문일지도 모른다. 단 한마디, 단 한가지 일로 인생을 좌우하는 사건이 발생하는 것을 야가미히메의 이야기를 통해서 알 수 있다.

【소질】
연애의 신

【공덕】
순산, 자식, 질병치유

【별칭】
야가미히메(八神姫), 야가미히메(八上比売)

【계보】
불명

【신을 모시는 신사】
메누마신사(톳토리현 톳토리시), 츠바키치가미신사(톳토리현 톳토리시), 시마미코신사(나가사키현 츠시마시), 미이신사(시마네현 히카와군히카와쵸), 짓손신사(시마네현 히카와군히카와쵸), 아다카야신사(톳토리현 요나고시), 야가미히메신사(시마네현 이즈모시)

◆ 야가미히메의 기본 성향-화혼카드 황혼카드 공통사항

타입	사춘기
∰ 상징성	도전
∰ 인간관계	느낌 위주로 대한다
∰ 언행의 중심축	자신의 직감을 중심으로 행동한다
∰ 지향하는 바	성공자가 되는 것
∰ 개선하는 방법	의외성을 갖는다
∰ 진로	자유와 명성을 추구한다
∰ 가치관	정해져있지 않고 유동적이다
∰ 사고력	이론적이다
∰ 행동력	활동적이다
∰ 적재적소	개인의 능력을 최대한 발휘한다
∰ 사명감	직감을 단련한다

10-1 야가미히메-화혼 카드

*화혼: 和魂(니기미타마)

신령의 정적인 상태에서의 다정하고 온화한 영력을 가리킨다.

◆ 절정기

사람을 보는 능력을 키우다

지금까지와는 전혀 다른 이성을 만나거나, 혹은 다른 사업을 시작하는 계절이 찾아옵니다. 그래서 유혹에 빠질 기회가 늘어나며 권유를 받는 일도 늘어나겠습니다. 그 때문에 인간관계가 복잡해질지도 모릅니다. 지금은 사람 보는 눈을 키울 때입니다. '이기적이지는 않는가?' 즉 상대방이 이기적이지 않으며 말과 행동에는 '모순이 없는가?' 신중하게 지켜보고 확인하는 것이 중요합니다. 총명함을 자신의 것으로 만들면 더욱 매력이 넘쳐납니다.

◆ 야가미히메의 오행과 상징 및 키워드

	화혼	키워드
✸ 오행	목(木)	-권유
✸ 계절	2, 3, 4월(봄)	-모순
✸ 시간	3시~9시	-인기절정기
✸ 방위	동	-사람을 보는 눈
✸ 컬러	청색, 녹색	-이성
✸ 숫자	1, 2	-다른 업종
✸ 덕목	인자함	-만남
✸ 감정	분노	-총명
✸ 본능	수비	-이기적
✸ 아이템	허브, 관엽식물	-복잡
✸ 재능	연구, 스스로를 드러냄, 잡담	-인간관계
		-유혹

10-2 야가미히메-황혼 카드

*황혼: 荒魂(아라미타마)
용맹한 반면, 거칠고 전투적, 때로는 사람에게 재앙을 미치는
영력이며 신의 분노를 가리킨다고도 한다.

◈ 변화

관찰하는 힘이 필요합니다

변화가 필요합니다. 당신의 총명한 말 한마디가 오해를 사서, 괴로워하는 사람이 생
길지도 모릅니다. 이별의 두려움과 심란함 때문에, 자신의 결백을 강요해서는 안됩
니다. 우선은, 상대의 이야기를 듣고 그 사람이 느낀 것을 사실로 받아들이세요. 상
대의 마음을 관찰하고 배려를 잊지 않는다면 관계를 긍정적으로 이끌어갈 수 있습
니다.

◈ 야가미히메의 오행과 상징 및 키워드 및 키워드

	황혼	키워드
◈ 오행	금(金)	-이별
◈ 계절	8, 9, 10월(가을)	-수용하다
◈ 시간	15시~21시	-변화
◈ 방위	서	-관찰력
◈ 컬러	하얀색, 금색, 은색	-총명한 말 한마디
◈ 숫자	7, 8	-오해를 사다
◈ 덕목	정의감	-괴롭히다
◈ 감정	슬픔	-배려
◈ 본능	공격	-강요한다
◈ 아이템	보석, 귀금속	-자신의 결백
		-혼란
◈ 재능	승인, 스스로를 드러냄, 잡담	-두려움

11.스세리비메

화혼카드	황혼카드

【카드 그림 설명】

이즈모노쿠니에 가서 스사노오의 딸 스세리비메에게 한눈에 반한 오오쿠니누시지
만, 스사노오는 그에게 많은 시련을 준다. 그 때마다 스세리비메가 도와줬고, 마지막
에는 스사노오를 속이고 사랑의 도피를 한다. 그 때 그녀가 들고 있었다고 전해지는
이쿠타치(검), 이쿠유미야(화살), 아메노노리고토(거문고)가 그려져 있다. 왼쪽 아
래 쥐가 있는데, 쥐는 스사노오의 시련에서 오오쿠니누시에게 도움을 준 동물이다.
스세리의 스세는 "거칠다"의 뜻으로, 스사노오의 딸답게 늠름한 표정을 하고 있다.

◈ 사랑을 한 몸에 받은 여신
신에 대한 설명

스세리비메는 스사노오의 총애하는 딸이며, 오오쿠니누시의 아내가 된 여신이다. 오오쿠니누시가 형들로부터 몸을 숨기기 위해 이즈모로 갔을 때, 눈앞에 등장한 여신이 스세리비메이다. 오오쿠니누시는 스세리비메를 보자 첫눈에 반해서 결혼하려 한다.

오오쿠니누시는 스세리비메를 아내로 맞이하고 싶다고 스사노오에게 고한다. 스세리비메를 매우 아끼는 아버지 스사노오가 이를 얌전히 받아들일 리가 없다. 스사노오는 이즈모노쿠니를 다양한 시련으로 시험한다.

그 때마다 스세리비메가 오오쿠니누시를 도와준다. 스세리비메는 스사노오와 많이 닮아서 성질이 괄괄하고 말괄량이다. 스세리비메의 『스세』는 나아간다는 의미와, 또 스사부라는 의미가 있다. 스사부라고 하면 스사노오인데, 스사부는 거칠게 날뛴다는 의미이다.

또 '로쿠가츠오오하라에의 축사(六月大祓の祝詞)'에 등장하는 '네노쿠니소코노쿠니(망자의 영혼이 간다고 여겨진 지하의 세계, 저승)에 있는 하야사스라히메(根国底之国に坐す速佐須良比)'는 스세리비메이다. 사실 스사노오의 본명은 타케하야스사노오노미코토이다.

스사노오에 '하야(ハヤ)'라는 글자가 들어있기 때문에 '날뛰는 스사노오노히메(스사노오의 딸)'로 생각하는 게 타당하다. 이처럼 스사노오의 딸 답게 그녀는 매우 괄괄한 여신이다. 아버지인 스사노오를 두려워하지 않고 오오쿠니누시와 힘을 합쳐 시련을 극복한다. 마지막에는 스사노오를 속이고 몰래 같이 도망치려고도 한다.

이 그림에 그려진 이쿠타치(生大刀)와 이쿠유미야(生弓矢), 아메노노리고토(天詔琴)는 오오쿠니누시와 사랑의 도피를 할 때 스세리비메가 몸에 지닌 무기와 악기이다. 그것을 본 스사노오는 오오쿠니누시의 지혜와 늠름함을 인정한다. 그리고 스세리비메의 강한 사랑에 감동하여 결국 두 사람의 결혼을 허락한다. 그제야 오오쿠니누시는 스세리비메를 본처로서 맞이한다. 그러나 처음 결혼한 야가미히메는 그 때, 오오쿠니누시의 아이를 임신하여 홀로 외롭게 *해산일을 맞이하고 있었다.

야가미히메가 오오쿠니누시를 찾아갔으나 질투심이 강한 스세리비메를 두려워하여 결국 포기하고 야가미히메는 돌아가게 된다. 사랑을 한 몸에 받고 있으며, 자신이 독차지한 그 사랑이 다른 사람에게 가는 것은 참기 어렵다. 사랑이 자신에게 향해 있을 때는 씩씩하고 부지런 하지만, 그 사랑이 다른 사람에게 향하면 적의를 드러낸다. 질투는 바로 여심을 있는 그대로 보여주는 것이다. 그 후에도 오오쿠니누시는 많은 여신과 결혼한다. 그 때마다 스세리비메는 적의를 드러냈을 것이다.

*해산일 : 아이를 낳을 날

【소질】
연애의 신

【공덕】
결혼, 인연을 만나다.

【계보】
스사노오와 쿠시나다히메의 딸

【신을 모시는 신사】
이즈모오오야시로오오카미오오키사키노카미야시로(시마네현 이즈모시),카스가다이샤메오토다이코쿠샤(나라현 나라시), 쿠니타마신사(후쿠시마현 이와키시), 나메사신사(시마네현 이즈모시), 비젠노쿠니소우쟈구우(오카야마현 오카야마시), 빗츄노쿠니소우쟈구우(오카야마현 소우쟈시), 야사카신사(교토시 히가시야마구), 오오나모치신사(나라현 요시노군요시노쵸), 타마와카스미코토신사(시마네현 오키군오키노시마쵸),유라히메신사(시마네현 오키군니시노시마쵸), 카츠라신사(토쿠시마현 토쿠시마시), 오오카미야마신사우치아사미야신사(톳토리현 요나고시), 타코노우에신사(톳토리현 톳토리시), 사히메야마신사(시미네현 오다시)

◆ 스세리비메의 기본 성향-화혼카드 황혼카드 공통사항

타입	강인한 고집장이
❀ 상징성	노력
❀ 인간관계	느낌을 중요시 한다
❀ 언행의 중심축	자신의 직감을 중심으로 행동한다
❀ 지향하는 바	성공자가 되는 것
❀ 개선하는 방법	흐름에 몸을 맡기다
❀ 진로	자유와 명성에 따른다
❀ 가치관	정해져 있지 않고 유동적이다
❀ 사고력	감성적이다
❀ 행동력	신중하다
❀ 적재적소	위기에 강하다
❀ 사명감	자신의 직감을 단련한다

11-1 스세리비메-화혼 카드

*화혼: 和魂(니기미타마)

신령의 정적인 상태에서의 다정하고 온화한 영력을 가리킨다.

◈ 믿는 마음

집착을 버리다

함께 꿈을 실현할 파트너가 나타날지도 모릅니다. 그 믿음이 힘이 되어, 생각지도 못한 뜻밖의 성과를 올릴 것입니다. 또 많은 장애에도 불구하고 두 사람이 힘을 합침으로써 극복해 나갑니다. 틀에 얽매이지 않는 발상과 모든 일을 대담하게 내팽개치고 집착을 버리는 것이 중요합니다. 꿈을 발견한 당신은 자연히 노력하게 될 것입니다.

◈ 스세리비메의 오행과 상징 및 키워드

	화혼	키워드
◈ 오행	목(木)	-뜻밖의 성과
◈ 계절	2, 3, 4월(봄)	-고집을 버리다
◈ 시간	3시~9시	-함께 꿈을 찾다
◈ 방위	동	-파트너
◈ 컬러	청색, 녹색	-나타나다
◈ 숫자	1, 2	-믿는 마음
◈ 덕목	인자함	-힘이 되다
◈ 감정	분노	-포기하다.(내팽개치다)
◈ 본능	수비	-얽매이지 않다
◈ 아이템	허브, 관엽식물	-극복하다
◈ 재능	연구, 설득력, 잡담	-힘을 합치다
		-장애

11-2 스세리비메-황혼 카드

*황혼: 荒魂(아라미타마)
용맹한 반면, 거칠고 전투적, 때로는 사람에게 재앙을 미치는
영력이며 신의 분노를 가리킨다고도 한다.

◈ 질투심

독은 토해 내다

자신이 받아야 할 사랑이 다른 사람에게 향할 때, 질투심을 느낄지도 모릅니다. 지금
은 날뛰는 자아를 억제하고, 냉정함을 유지해야 합니다. 부정이 들어 있는 용기에 사
랑을 쏟아도 탁해질 뿐입니다. 우선은 불평불만과 질투심 등 부정을 토해 내는 것이
선결 과제입니다. 무엇이든 좋으니까 토해 내세요. 부정을 토해내고 나서야 아름다
운 사랑을 받게 됩니다.

◈ 스세리비메의 오행과 상징 및 키워드 및 키워드

	황혼	키워드
❖ 오행	금(金)	-억제
❖ 계절	8, 9, 10월(가을)	-사랑을 쏟다
❖ 시간	15시~21시	-자기애
❖ 방위	서	-애타심
❖ 컬러	하얀색, 금색, 은색	-질투심
❖ 숫자	7, 8	-날뛰다
❖ 덕목	정의감	-자아
❖ 감정	슬픔	-깨끗한
❖ 본능	공격	-독을 토해 내다
❖ 아이템	보석, 귀금속	-불평불만
❖ 재능	승인, 설득력, 잡담	-탁하다
		-냉정

12.스쿠나비코나노미코토

<table>
<tr><td>화혼카드</td><td>황혼카드</td></tr>
</table>

초상공양

스쿠나비코나노미코토

보물을 받다

솔직한 대화

스쿠나비코나노미코토

이해하자

【카드 그림 설명】

연꽃보다 작은 신 스쿠나비코나, 조화삼신의 카미무스비의 자식이고, 산과 언덕의 창조신이기 때문에 배경에서 그 모습이 보인다. 약과 술, 온천을 만든 신인 그는, 손에 술과 석곡의 약초를 들고 있다. 스쿠나비코나는 오오쿠니누시의 나라 창건 시 박주가리의 배를 타고, 나방 껍질의 옷을 입고 바다 건너서 내방하여 카미무스비의 명령에 의해 오오쿠니누시와 형제 관계를 맺고 나라 창건에 참가했다.

◆ 국가 창건에 헌신한 잇순법사(一寸法師)

신에 대한 설명

스쿠나비코나는 다양한 약과 술, 그리고 온천을 만들었다. 시코쿠(四国)의 도고온천(道後温泉)과 하코네(箱根)의 유모토온천(湯本温泉), 그리고 벳부온천(別府温泉) 등은 스쿠나비코나가 발견하였다고 전해진다. 그 때문에 의료의 신, 주조의 신, 온천의 신으로 불린다.

스쿠나비코나는 오오쿠니누시와 의형제를 맺고 함께 국가를 창건한 신이다. 그 얼굴 생김새와 몸매가 작아서 잇순법사의 원형이 되었다고 전해진다. 타카마가하라(高天原)의 신은 오오쿠니누시에게 "스쿠나비코나와 의형제의 결연을 맺고 나라를 견고히 지켜라."고 하였다. 오오쿠니누시의 오른팔이며, 국가 창건의 숫자 2인 스쿠나비코나는 오오쿠니누시한테 두터운 신뢰를 받는다.

이러한 에피소드가 있다. 오오쿠니누시가 "엄청 고생하였지만 이 나라도 나아지고 있다."고 말하자, 스쿠나비코나는 "좋은 부분도 엄청 많지만, 좋지 않는 부분도 엄청 많다."고 말한다. 그리고 어느 날 갑자기 스쿠나비코나는 오오쿠니누시의 곁을 떠나버렸다.

이 이야기에는 여러가지 설이 있다. 그러나 스쿠나비코나가 사라졌다는 설과, 사라지지 않을 수 없었다는 설이 있지만, '사라지지 않을 수 없었던' 것은 아닐까? 국가 창건에 다양한 공적을 남긴 스쿠나비코나였지만, 타카마가하라로 돌아가야 할 기한이 임박했다. "좋지 않는 부분도 엄청 많다."고 고언을 올린 것은 이 기한이 임박했기 때문이 아닐까?

한편 오오쿠니누시는 스쿠나비코나가 사라진 후, 어떻게 해야 할지 몰라 혼자 괴로워한다. 오오쿠니누시에게 스쿠나비코나의 존재는 엄청났다. 그러나 그가 떠나면서 오오쿠니누시는 더욱 강해졌다. 오오쿠니누시도 스쿠나비코나도 지혜로운 신이다. 그렇기 때문에 서로를 인정하고 신뢰하며 자애로 이어져 있었다. 오오쿠니누시는 세인의 주시를 받지 못하고 떠나버린 스쿠나비코나의 무언의 의지를 헤아렸기 때문에, 마지막까지 포기하지 않고 국가 창건에 몰두할 수 있었을지도 모른다. 만약, 끝까지 두 사람이 국가를 창건하였다면, 오오쿠니누시는 군주로서의 확고한 자신감을 갖지 못하였을 것이다. 그래서 스쿠나비코나가 떠나자 남은 마지막 마무리를 오오쿠니누시 혼자서 완수한다.

그 일로 인해 확실한 자신감을 얻게 된 것이다. 아무리 자신의 공적과 창조력이었더라도, "당신의 결단이 옳았다."고 공로를 칭찬한다. 이것은 현대 우리에게도 통한다. 이 이야기를 통해 그렇게 말하고 싶었던 것은 아닐까? 그 후 이 마음은 이즈모노쿠니(出雲の国)를 찾아오는 *양위로 이어진다.

*양위(讓位)쿠니유즈리–일본 신화에서 오오쿠니누시노카미가 신탁에 의해 국토를 니니기노미코토에게 드리는 것을 가리킴

【소질】
약의 신, 주조의 신, 곡물의 신, 온천의 신

【공덕】
병과 재해가 발생함을 막는다. 국토의 안녕, 결혼(인연맺기), 순산·육아, 어업, 항해 수호, 산업개발

【별칭】
스쿠나비코나노카미(少毘古那神)

【계보】
카무무스비(神産巣日) 또는 타카미무스비(高皇産霊)

【신을 모시는 신사】
이와쿠라신사(나라현 사쿠라이시), 오시사카니마스이쿠네신사(나라현 사쿠라이시), 이소노카미이치신사(나라현 텐리시), 시즈시신사(후쿠이현 오오이군오오이쵸), 테다니신사(효고현 아사고시), 사카츠라이소사키신사(이바라키현 히다치나카시), 오오아라이이소사키신사(이바라키현 히가시이바라키군오오아라이쵸), 홋카이도신궁(삿포로시 주오우구), 오오미와신사(나라현 사쿠라이시), 아쿠나미신사(시즈오카현 후지에다시), 타카모리신사나카샤(나가노현 나카노시), 스쿠나히코카미카타이시신사(이시카와현 나나오시), 스쿠나히코카미카타이시신사(이시카와현 카시마군나카노토

마치),아나자와텐신사(도쿄도 이나기시),히로사와텐신사(아이치현 토요타시),오보리신사(군마현 타카사키시),사카신사(시마네현 이즈모시),카타신사(시마네현 운난시),이게신사(토쿠시마현 미요시시),소우쟈하치만신사(후쿠오카현 미야고군미야코쵸),아타미신사(나가사키현 이키시),기타 전국 신사

◆ 스쿠나비코나노미코토의 기본 성향-화혼카드 황혼카드 공통사항

타입	보좌관
🎐 상징성	배려
🎐 인간관계	신뢰 관계에 따른다
🎐 언행의 중심축	타인의 생각을 중심으로 행동한다
🎐 지향하는 바	인격자가 되는 것
🎐 개선하는 방법	한 가지 자신의 재능에 집중한다
🎐 진로	사랑과 우정에 따른다
🎐 가치관	자신의 굳은 신념으로 판단한다
🎐 사고력	감성적이다
🎐 행동력	신중하다
🎐 적재적소	위기에 대처하는 힘이 있다
🎐 사명감	믿고 인내한다

12-1 스쿠나비코나노미코토-화혼 카드

*화혼: 和魂(니기미타마)
신령의 정적인 상태에서의 다정하고 온화한 영력을 가리킨다.

◆ 조상공양
보물을 받다

조상 공양을 하고 계시나요? 당신은 조상님으로부터 보호를 받고 있습니다. 당신이 고독해지지 않도록 하나의 큰 보물을 주셨습니다. 그것을 받았습니까? 그것을 받았다면 주위의 사람들이 하나가 되어 당신 곁으로 모여 듭니다. 사람을 배려하는 마음 씀씀이가 그대로 자신에게 돌아올 것입니다.

◆ 스쿠나비코나노미코토의 오행과 상징 및 키워드

	화혼	키워드
◈ 오행	화(火), 토(土)	-받다
◈ 계절	5, 6, 7월(여름)	-돌아오다
◈ 시간	9시~15시	-조상님
◈ 방위	남, 남동, 북서	-보호를 받다
◈ 컬러	적색, 주황색, 황색, 갈색	-고독해지지 않는다
◈ 숫자	3, 4, 5	-보물을 받다
◈ 덕목	예의, 신뢰	-하나의 기예, 예능
◈ 감정	기쁨, 생각	-조상공양
◈ 본능	전달, 매력	-마음씀씀이
◈ 아이템	미술품, 커피	-배려
◈ 재능	표현, 봉사, 자립심	-모이다
		-원의 중심

12-2 스쿠나비코나노미코토-황혼 카드

*황혼: 荒魂(아라미타마)

용맹한 반면, 거칠고 전투적, 때로는 사람에게 재앙을 미치는 영력이며 신의 분노를 가리킨다고도 한다.

◈ 솔직한 대화

이해하자

누군가를 설득하려다 납득이 되지 않는 일이 있었습니까? 지금 당신에게는 대화가 필요합니다. 말하는 다정함(관심)과 말하지 않는 다정함(무관심) 사이에서 괴로워하고 있지 않나요? 말하는 것에만 집착하다 보면 '듣는'것을 쉽게 잊어버리기 쉽습니다. 누군가를 이해시키려고 하지 않고, 이해하는 것이 중요합니다. 그 사람이 가진 부족한 점을 말하는 것보다, 그 사람이 안고 있는 사실을 이해하도록 노력합니다.

◈ 스쿠나비코나노미코토의 오행과 상징 및 키워드

	황혼	키워드
◈ 오행	수(水). 토(土)	-말하지 않는 다정함(무관심)
◈ 계절	11, 12, 1월(겨울)	-이해하다
◈ 시간	21시~3시	-설득
◈ 방위	북, 남서, 북동	-납득
◈ 컬러	검은색, 보라색, 황색, 갈색	-대화
◈ 숫자	9, 0, 6	-필요
◈ 덕목	지혜나 지성, 신뢰	-말하는 다정함(관심)
◈ 감정	두려움, 생각	-술 · 약 · 온천
◈ 본능	습득, 매력	-안고 있는 사실
◈ 아이템	감실 (神棚), 따뜻한 색 조명	-전하다
◈ 재능	정력적, 행동력, 자립심	-부족한 점
		-듣기

13.타케미카즈치노카미

화혼카드

【카드 그림 설명】

타카마가하라 최강의 무신이다. 갑옷이 이를 표현하고 있다. 그는 메기를 밟고 있는데, 오랜 전부터 재해가 많았던 일본은 삶의 안전을 지켜주는 신을 의지해 왔다. 검의 신이기도 한 카시마신궁의 타케미카즈치는 지진이 일어나지 않도록 움직이려는 메기를 꽉 밟고 있다. 또한 메기 주변을 보면 씨름판으로 표현되어 있다. 이는 타케미카즈치가 이즈모에서 타케미나카타노카미와 힘겨루기를 했는데, 이것이 스모의 시작이 되었다고 전해지며 스모의 신으로 시카야마신사에서는 그를 모시고 있다.

◆ 무력에 의지하지 않는 덕의 무신

신에 대한 설명

타케미카즈치는 타카마가하라(高天原)의 최강 무신이다. 유도와 검도 등의 무도관에서는 이 타케미카즈치를 신으로 모시는 경우가 많다. 타케미카즈치는 양위 교섭사자로 파견된 신이며, 무신으로 불린다. 교섭 때 무력을 행사하였을 것으로 생각하지만, 무력을 사용하지 않았다.

무도를 지향한다는 것은 어떤 의미인가? 진무천황(神武天皇)은 무도에 대해 다음과 같이 언급하였다. 진무(神武)란 "가장 뛰어난 지혜이며, 헤아릴 수 없는 대단한 용기를 지니고, 사람의 생명을 존중하는 인을 겸비한 자."이다. 그러므로 "함부로 사람을 죽이는 게 무도가 아니다."라는 의미이다. 즉, 사람을 죽이기 위해 무도를 습득하는 것이 아니라, 사람을 죽이지 않기 위해 무도를 익힌다는 뜻이다.

젊은 시절의 무도는 어떻게 든 승부에서 이기는 데만 집착한다. 또 그렇게 하지 않으면 안된다. 그러나 목도가 진검으로 바뀌면 이야기는 달라진다. 어떻게 검을 뽑지 않을 것인가가 승부의 갈림길이다. 무사는 검을 뽑으면 진다는 말이 있다.

즉, 살상 능력을 높이기 위해 실력을 쌓는 것이 아니라, 검을 뽑지 않는 기백을 익히기 위해 수련을 한다. 그래서 적을 밖에 두지 않고 자신의 내면 안에 두었던 것이다. 만일 무도로서만 승부를 결정한다면 승부에서 이기는 것이 옳을 것이다.

즉, 힘이 정의이며 정의는 곧 힘이다. 그러나, 중요한 것은 의(義)가 아니라 예(礼)이다. 어떻게 예를 다할 것인가? 그 예가 통용되는 것도, 평소 쌓은 단련으로 그 사람의 아량을 헤아려 볼 수 있을 것이다. 양위에서도 마찬가지이다. 검을 뽑지 않고 양위 교섭에 임하지만, 타케미나카타가 저항하자 이 때 타케미카즈치는 검을 뽑으며 힘 겨루기를 하게 된다.

타케미나카타는 오오쿠니누시의 아들이며, 아버지가 타카마가하라의 아마테라스로부터 쿠니유즈리(나라를 양도하라는)명을 받았을 때, 마지막까지 저항한 신이다. 여기서 알 수 있는 것은, 타케미카즈치가 검을 뽑지 않으면 알 될 정도로, 타케미나카타의 힘이 대단하였다는 사실이다. 즉, 검을 뽑았다는 것은 타케미나카타의 힘을 인정한 것이다. 마지막에는 타케미카즈치가 승부에서 이긴다. 그리고 이 때, 서로가 상대의 힘을 인정하고 서로에게 예를 갖춘다. 이 때의 예는 "감복하였습니다." 즉, 힘을 인정하였다는 것이다.

이것으로 서로에게 원한은 남지 않는다. 이것이 요코츠나스모우(橫綱相撲)이다. 따라서 무도의 중심에 있는 것은 '의'와 '예'이다. 요코츠나(최고 씨름선수)가 되는 데는 힘도 필요하지만 그 이상으로 예를 갖추어야 한다. 이것이 예로 시작하여 예로서 끝난다는 것이다. 아무리 의에 의해 옳음을 증명하였다고 하더라도 서로가 예로서 끝나지 않는다면, 무도라고 할 수 없다. 타케미카즈치를 통해 인·예·의를 배울 수 있다.

【소질】
무신, 군신, 검신, 뇌신

【공덕】
무도수호, 재물이 늘어나고 부유해짐, 국가 수호, 예능 숙달, 풍어, 항해안전, 순산, 질병치유, 액막이, 결혼(인연맺기), 연명장수, 교통안전

【별칭】
타케미카즈치노미코토(武甕槌命), 카시마노카미(鹿島神), 카시마사마(鹿島樣), 타케미카즈치노오노카미(建御雷之男神), 후츠노미타마노카미(布都御魂神), 타케후츠(建布都神), 토요후츠(豊布都神)

【계보】
불의 신 카구츠치의 피에서 태어난 신. 후지와라우지(藤原氏)의 조상신으로도 알려져 있습니다.

【신을 모시는 신사】
카시마신궁(이바라키현 카시마시),카스가타이샤(나라현 나라시)(후쿠이현 아와라시),이시카미신궁(나라현 텐리시),마가미신사(아키타현 오가시),코시오우신사(아키타현 아키타시),시오가마신사(미야기현 시오가마시),오하라노신사(교토시 니시쿄쿠),요시다신사(교토시 사쿄쿠),카시마신사요우하이덴(토치키현 사노시),카시마신

사(후쿠시마현 후쿠시마시)(미야기현 쿠리하라시), 카시마오나타신사(미야기현 와타리군와타리쵸),카시마미코신사(미야기현 이시마키시),카시마아마타리와케신사(미야기현 쿠로가와군토미야시),카시마아마타라시와케신사(미야기현 와타리군와타리쵸),카모카스가신사(야마나시현 후에후키시),카다카스가신사(와카야마현 와카야마시),미타니신사(톳토리현 톳토리시),츠루기신사(야마구치현 호우후시),기타 전국의 카시마신사, 카스가신사

◆ 타케미카즈치노카미의 기본 성향-화혼카드 황혼카드 공동사항

타입	왕자
◈ 상징성	완벽함
◈ 인간관계	자신의 느낌에 따른다
◈ 언행의 중심축	자신의 직감을 중심으로 행동한다
◈ 지향하는 바	성공자가 되는것
◈ 개선하는 방법	얽매이지 않고 자신의 방식대로 한다
◈ 진로	자유와 명성에 따른다
◈ 가치관	정해져 있지 않고 유동적이다
◈ 사고력	이론적이다
◈ 행동력	신중하다
◈ 적재적소	관리할 수 있는 힘이 있다
◈ 사명감	직감을 단련한다

13-1 타케미카즈치노카미-화혼 카드

*화혼: 和魂(니기미타마)
신령의 정적인 상태에서의 다정하고 온화한 영력을 가리킨다.

◈ 교섭력

신뢰의 잔액

(신뢰의 잔액이란, Stephen Richards Covey의 "7가지 습관"에 나오는 것으로, 상대와의 신뢰감, 안심감의 강약을 은행 계좌의 잔액에 비유한 것이다.)

지금 당신에게는 교섭력이 있습니다. 날카롭게 파고 드는 데 필요한 것은 권력과 완력이 아닙니다. 인덕으로 쌓여, 쌓아가는 신뢰 관계입니다. 선악과 손실, 득실도 중요합니다만, 신뢰의 잔액은 어느 정도 남았나요? 옳은 말을 하는 데는 그만큼 신뢰의 잔액이 필요합니다. 신뢰의 잔액은 인정하고 칭찬하는 것. 그리고 감사함으로 증가합니다. 사랑을 실천하기 위한 정의가 중요합니다.

◈ 타케미카즈치노카미의 오행과 상징 및 키워드

	화혼	키워드
🏵 오행	목(木)	-바른 마음
🏵 계절	2, 3, 4월(봄)	-사랑의 실천
🏵 시간	3시~9시	-교섭력
🏵 방위	동	-권력
🏵 컬러	청색, 녹색	-인덕
🏵 숫자	1, 2	-선악과 존경과 덕망
🏵 덕목	인자함	-바른 일
🏵 감정	분노	-정의
🏵 본능	수비	-칭찬
🏵 아이템	허브, 관엽식물	-인정
🏵 재능	행동력. 정력적, 친분	-감사의 숫자
		-신뢰의 잔액

13-2 타케미카즈치노카미-황혼 카드

*황혼: 荒魂(아라미타마)

용맹한 반면, 거칠고 전투적, 때로는 사람에게 재앙을 미치는
영력이며 신의 분노를 가리킨다고도 한다.

◆ 완벽

위세를 저지하다

타인에게 완벽을 요구하고 있지 않나요? 타인의 잘못을 바로잡으려 하지 않습니까?
당신의 옳음이 타인의 기세를 죽이고 있을지도 모릅니다. 문제의 원인은 늘 일보 직
전에 있습니다. 그것은 과제에 최선을 다하는 것입니다. 혹시『어째서』라는 말버릇
을 가지고 있지 않나요?『어째서』라는 말이 아니라,『어떻게 해야 하지』라는 말을
사용해 보세요.

◆ 타케미카즈치노카미의 오행과 상징 및 키워드

	황혼	키워드
❖ 오행	금(金)	-문제
❖ 계절	8, 9, 10월(가을)	-어째서, 어쩌라고
❖ 시간	15시~21시	-완벽
❖ 방위	서	-요구
❖ 컬러	하얀색, 금색, 은색	-잘못을 고치다
❖ 숫자	7, 8	-옳음
❖ 덕목	정의감	-기세를 멈추다
❖ 감정	슬픔	-어떻게 해야 하지
❖ 본능	공격	-최선을 다하다
❖ 아이템	보석, 귀금속	-과제
❖ 재능	커뮤니케이션, 인맥, 인기	-일보직전
		-원인

14. 코토시로누시노카미

화혼카드	황혼카드

동료	집중
XIV 코토시로누시노카미	XIV 코토시로누시노카미
주고 싶은 사람	젊음의 비결

【카드 그림 설명】

천신 타케미카즈치가 오오쿠니누시에게 나라를 양도하라고 강요하자, 오오쿠니누시는 미호가사키에서 낚시하고 있는 아들 코토시로누시와 의논한다고 말했다. 이 낚시꾼의 모습을 한 신이 코토시로누시노카미이다. 또한 이 신은 에비스(어업의 신)와 동일화되어 있다.

그 미호가사키에서 코토시로누시는 타케미카즈치에게 :알겠습니다. 이 나라는 천신에게 양도하겠습니다."고 말하고, 아마사노사카테(박수를 치는 행위를 뜻하지만, 이는 주문을 걸 때 사용하는 것으로 일반 박수와 다르다.)를 쳐서 아오후시가키(푸른 잎이 붙은 섶나무 울타리)로 바꾸고 그 안에 숨어버렸다. 코토시로누시의 옷은 아오후시카키 의식을 이미지화 한 것이다. 이 의식은 코토시로누시가 국가 양보를 할 때 바다에 숨었다는 것을 의례화한 것이다.

◈ 에비스(恵比寿)와 연결된 신

신에 대한 설명

에비스다이코쿠(恵比寿大黒)라고 말한다. 이처럼 에비스와 다이코쿠를 함께 부르는 경우가 많다. 이 다이코쿠는 아버지 오오쿠니누시이다. 오오쿠니누시는 아들인 코토시로누시를 대단하게 평가한다. 또 두 사람의 유대는 단단하여 코토시로누시도 아버지에게 헌신적으로 노력한다. 그것이 양위에서 나타난다.

아마테라스는 나라를 통치하는 군주로서 군림한 오오쿠니누시에게 나라를 양도하라는 명을 내린다. 오오쿠니누시는 자애가 넘치는 국가로 만들고 싶었다. 그러나 난폭한 형들이 파 놓은 함정에 빠져 전쟁을 치른다. 그리고 승리한다. 전쟁으로 만든 나라는 전쟁으로 많은 사람들이 상처를 입고, 결국은 나라가 사라진다는 것을 알고 있었다.

그 때, 아마테라스에게서 지금부터는 자애가 넘치는 나라를 만들려고 하니 양도하라는 말을 들은 것이다. 생각지도 않았던 일이었을지도 모른다. 그렇지만, 나라를 쉽게 양도해서는 피와 땀을 흘린 자들의 심정은 헤아릴 수 없다. 그래서 모든 것을 이해하고 그 일을 온 몸으로 짊어질 수 있는 코토시로누시에게 판단을 맡긴 것이다.

코토시로누시는 아버지의 심정을 이해하고 있었다. 또 자신이 결단을 하면 아버지의 체면을 지킬 수 있다는 것도 알고 있었다. 또한 코토시로누시는 그것으로서 족하다고 생각했다. 바로 2대, 주니어의 귀감이라 할 수 있는 신이다. 아버지가 하는 일을 뒤에서 지원하고 최종 판단은 아버지가 하게하며 어려운 일은 자신이 그 책임을 짊어진다. 모든 공적은 부친을 향하게 하고 자신의 공적에 대해 집착하지 않은 고매한 성품의 소유자인 것이다.

어떤 자는 오로지 자신의 공적을 쌓으려고 타인을 밀어내서라도 앞으로 나가려고 하지만 코토시로누시는 '고난'을 짊어지고 '인격'을 고양하는 일이 자신의 사명이라고 여겼다. 이 일로 후세의 사람들은 "코토시로누시의 한마디가 야마토 왕권이 천하를 통일하는 데 기여하였다."고 경의와 친밀감을 가지고 소중히 모시게 되었다. 또, 코토시로누시는 양위의 책임을 지고 이즈모를 떠난다.

그 후, 이즈(伊豆)의 땅에서 새로운 국가를 창건한다. 또, 아마노이와토(天岩戸)에서 아시하라노나카츠쿠니(葦原中国 지상)로 추방된 스사노오의 자손인 코토시로 누시의 딸이 아마테라스의 자손인 진무천황과 결혼하면서 천지가 통합된다.

바로 코토시로누시의 딸인 이스즈요리히메(五十鈴姫)가 천지화합의 신이라 할 수 있다. 뿐만 아니라 진무천황부터 4대에 걸쳐 코토시로누시의 혈연이 황후가 된다. 코토시로누시는 궁중 8신 중 하나이다.

【소질】
바다의 신, 상업의 신, 신탁의 신

【신격】
바다의 신, 상업의 신,신탁의 신

【공덕】
사업 번창, 개운, 액막이, 복덕원만, 질병치유

【별칭】
코토시로누시노카미(事代主神), 츠미하야에코토시로누시노카미(八重事代主神), 에비스오오카미(恵比寿大神)

【계보】
오오쿠니누시의 아들

【신을 모시는 신사】
미시마다이샤(시즈오카현 미시마시)(니가타현 나가오카시),토가신사(도쿄도 미야케무라),쥬산샤신사(도쿄도 니이지마무라),토오카에비스신사(후쿠오카시 하카타구),미호신사(시마네현 마츠에시),나가타신사(코베시 나가타구)(오카야마현 마니와시)(시가현 타카시마시),오오나모치미코노카미노야시로(시마네현 이즈모시),코토시로누시신사(토쿠시마현 아와시),시키시마신사(토쿠시마현 요시노가와시),이쿠이신사(토쿠시마현 카츠우라군카츠우라쵸),타케후츠신사니시노미야신사(토쿠시마현 아와시),스기노오신사(야마가타현 츠루오카시),후세코신사(오카야마현 아카이와시),칸나비신사(히로시마현 후츄시),사와신사(교토부 아야베시),츠루미야신사(미에현 이가시),우키타신사(시가현 타카시마시),카루노신사(시즈오카현 이즈시),기타 전국 신사

◆ 코토시로누시노카미의 기본 성향-화혼카드 황혼카드 공통사항

타입	헌신하다
❖ 상징성	배려심
❖ 인간관계	신뢰 관계에 따른다
❖ 언행의 중심축	타인의 생각을 중심으로 행동한다
❖ 지향하는 바	인격자가 되는 것
❖ 개선하는 방법	자신의 한 가지 재능에 집중한다
❖ 진로	사랑과 우정에 따른다
❖ 가치관	자신의 굳은 신념으로 판단한다
❖ 사고력	감성적이다
❖ 행동력	신중하다
❖ 적재적소	위기에 대처하는 힘이 있다
❖ 사명감	믿고 인내한다

14-1 코토시로누시노카미-화혼 카드

*화혼: 和魂(니기미타마)
신령의 정적인 상태에서의 다정하고 온화한 영력을 가리킨다.

◈ 동료
주고 싶은 사람

당신 주위로 사람들이 모여듭니다. 그 속에서 동료라고 할 수 있는 존재와 만날지도
모릅니다. 그럼 당신에게 동료란 어떤 존재인가요? 당신에게 주는 사람입니까? 그
렇지 않으면 메리트가 있는 사람인가요? 동료란 당신이 주고 싶은 사람입니다. 당신
이 주고 싶은 사람은 누구인가요? 당신에게 소중한 사람은, 바로 그 사람입니다.

◈ 코토시로누시노카미의 오행과 상징 및 키워드

	화혼	키워드
◈ 오행	화(火), 토(土)	-메리트
◈ 계절	5, 6, 7월(여름)	-확신
◈ 시간	9시~15시	-모여드는 사람
◈ 방위	남, 남동, 북서	-진정한 동료
◈ 컬러	적색, 주황색, 황색, 갈색	-만남
◈ 숫자	3, 4, 5	-동료의 정의
◈ 덕목	예의, 신뢰	-주고받다
◈ 감정	기쁨, 생각	-주고 싶다
◈ 본능	전달, 매력	-오해
◈ 아이템	미술품, 커피	-누가 일으켰다
◈ 재능	표현, 봉사, 자립심	-충돌이 일어난다
		-손실과 이득

14-2 코토시로누시노카미-황혼 카드

*황혼: 荒魂(아라미타마)

용맹한 반면, 거칠고 전투적, 때로는 사람에게 재앙을 미치는
영력이며 신의 분노를 가리킨다고도 한다.

◈ 집중

젊음의 비결

최근 자질구레한 일이 늘어나지 않았나요? 자질구레한 일이 늘었다고 느낀다면 그
것은 나이가 들었다는 증거입니다. 여러가지 일에 손대고 있지는 않은가요? 젊음을
유지하는 비결은 한가지 일에 집중하는 것입니다. 한가지 일에 몰두하면 선순환이
되고, 많은 사람들이 의지할 수 있는 존재가 됩니다. 또 큰 결단을 해야 할지도 모릅
니다. 그것은 당신을 위한 것이 아니라, 모두를 위한 결단이 될 것입니다.

◈ 코토시로누시노카미의 오행과 상징 및 키워드

	황혼	키워드
◈ 오행	수(水). 토(土)	-선순환
◈ 계절	11, 12, 1월(겨울)	-모두를 위한
◈ 시간	21시~3시	-자질구레한 일
◈ 방위	북, 남서, 북동	-노화의 감소
◈ 컬러	검은색, 보라색, 황색, 갈색	-여러가지를 안다
◈ 숫자	9, 0, 6	-젊음의 비결
◈ 덕목	지혜나 지성, 신뢰	-1점 집중
◈ 감정	공포, 생각	-재기
◈ 본능	습득, 매력	-자신을 위한
◈ 아이템	감실 (神棚), 따뜻한 색 조명	-큰 결단
◈ 재능	정력적, 행동력, 자립심	-사람들과의 이어짐을 소중히
		-의지가 된다

15. 타케미나카타노카미

화혼카드

의외성

황혼카드

의심

【카드 그림 설명】

이즈모 최강의 군신인 타케미나카타. 아마테라스의 명을 받은 타케미카즈치가 나라 양도를 강요했을 때 거절한 신이다. 그는, 양도 받길 원한다면 힘 겨루기로 결정하자고 한다. 서로 접전을 하다가 결국 타케미카즈치는 검을 뽑고 만다. 진지하게 나온 그의 모습에 타케미나카타는 스와호수로 도망간다. 그 후 스와대사에서는 타케미나카타를 모시게 된다. 그의 바지 무늬는 스와대사의 신사문양인 꾸지나무의 잎이다. 또한 왼손에 들고 있는 막대는 온바시라사이를 의미한다. 온바시라사이란 7년마다 4월, 6월에 걸쳐서 스와 지역에서 실시되는 행사다.

스와대사의 보전을 위해 기둥을 산에서 옮겨서 개축한다. 그리고 타케미나카타의 허리를 보면 날카로운 것이 보인다. 이것은 나기카마라고 하며, 스와대사 온바시라사이의 전년에 스와대사궁사가 신목에 7년마다 나기카마를 치고 넣는 의식을 행한다.

그림의 배경은 스와호수이며, 수신이 용신이나 뱀신의 모습으로 그려지고 있다.

◆ 결의의 힘으로 용기를 부여한 신
신에 대한 설명

타케미나카타는 스와타이샤(諏訪大社)의 제신(御祭神)이며, 오오쿠니누시의 아들이다. 타케미나카타의 '미나카타'는 '스이샤(水潟)'로 통한다고 여기고, 물의 신인 용신(竜神)과 사신(蛇神)의 모습으로 묘사하고 있다. 아마테라스의 명을 받은 타케미카즈치가 오오쿠니누시에게 나라를 양위하라고 협박한다. 그러자 두 명의 아들에게 그는 물어본다. 오오쿠니누시의 첫번째 아들 코토시로누시는 흔쾌히 승낙한다. 그러나 그 이야기를 서서 듣고 있던 두번째 아들인 스와타이샤의 제신인 타케미나카타가 소리쳤다. "뭘 함부로 지껄이고 있는 거지? 그렇다면 힘겨루기를 해보는 게 어떠냐?" 그리하여 두 사람의 힘겨루기가 시작되었다. 이 힘겨루기가 '스모'의 기원으로 생각된다. 이즈모오오야시로의 시키넨센구우(式年遷宮)에서는 스모가 열린다.

힘겨루기를 하게 된 타케미나카타와 타케미카즈치. 타케미카즈치의 힘 앞에 타케미나카타는 저항한다. 타케미나카타의 힘을 인정한 타케미카즈치는 마침내 검을 뽑고 만다. 진심을 다하는 타케미카즈치를 앞에 두고 타케미나카타는 스와호수로 도망친다. 타케미나카타는 타케미카즈치의 힘을 인정하고 "감복하였습니다."고 말한다. 그 후 스와대사는 타케미나카타를 신으로 모시게 된다. 끝까지 저항을 계속한 신. 타케미나카타는 결의의 신인 것이다.

한 번 결정한 것은 끝까지 포기하지 않고 관철한다. 그 강한 결의가 사람을 성장시키고 자신감을 갖게 한다. 나아가서는, 그 자신감을 대의를 위하여 발휘함으로 많은 사람에게 용기를 부여한다. 타케미나카타는 그 후 스와(諏訪)의 땅에서 군신(軍神)이 되어 국민에게 힘과 용기를 주었다.

자신과 비슷한 능력을 가진 인간이 노력하여 큰 힘을 얻는 것은 많은 사람들의 표본이 되고 용기를 부여한다. 천재적이며, 남과 다른 재능이 있어, 노력이 필요 없는 사람은 이헤할 수 없을 것이다. 자신이 한 번 결정한 길이 의심스러울 때, 먼저 의심해야 할 것은 하겠다고 결정한 결의를 의심하는, 그 '자신의 마음'을 의심하는 것이다. 끝까지 의지를 포기하지 않고 관철하는 자세는 많은 국민에게 용기를 주었다.

"스스로의 의심을 떨치고, 믿는 것에 의지하고 일어서라. 일어나는 모든 것을 신뢰하라." 이것이 스와타이샤의 제신, 타케미나카타이다.

【소질】
군신, 수렵의 신, 산신, 농경의 신, 오곡풍양의 신, 바람의 신

【공덕】
무운장구, 교통안전, 성업번영, 국토 안녕, 오곡풍양

【별칭】
오스와사마(お諏訪様), 타케미나카타노카미(武南方神)

【계보】
오오쿠니누시의 아들

【신을 모시는 신사】
스와타이샤카미샤마에미야(나가노현 치노시)(나가노현 스와군), 스와신사(나가사키현 나가사키시)(니가타현 우오누마시)(후쿠이현 에치젠시)(시마네현 이즈모시)(야마나시현 코우슈시)(나가노현 미나미사쿠군)(시즈오카현 코사이시)(군마현 타카사키시)(기후현 나가츠카와시)(야마나시현 고우후시)(야마나시현 호쿠토시), 스와샤(나가노현 나가노시)(토야마현 토야마시), 스와신사(야마구치현 슈난시), 스와신사나카샤(야마나시현 호쿠토시), 스와다이신사(야마나시현 카이시), 하부히메노미코토신사(도쿄도 오오시마쵸), 기타 스와타이샤카미샤혼미야(나가노현 스와시)

◆ 타케미나카타노카미의 기본 성향-화혼카드 황혼카드 공통사항

타입	사춘기
🌊 상징성	도전
🌊 인간관계	느낌에 따른다
🌊 언행의 중심축	자신의 직감을 중심으로 행동한다
🌊 지향하는 바	성공자가 되는 것
🌊 개선하는 방법	의외성을 가지고 해결한다
🌊 진로	자유와 명성을 추구한다
🌊 가치관	정해져 있지 않고 유동적이다
🌊 사고력	이론적이다
🌊 행동력	활동적이다
🌊 적재적소	개인의 능력을 최대치로 발휘한다
🌊 사명감	직감을 단련한다

15-1 타케미나카타노카미-화혼 카드

*화혼: 和魂(니기미타마)
신령의 정적인 상태에서의 다정하고 온화한 영력을 가리킨다.

◆ 의외성
매력이 증가한다

당신의 매력에 이끌려 찬스가 찾아옵니다. 그 매력은 의외성을 만들어내는데, 이로 인하여 당신은 빛날 수 있습니다. 하고자 하는 마음(의욕)·용기·원기가 넘쳐나고, 자립심이 움트고, 참신한 아이디어가 샘솟습니다. 도전할 때는 손실과 이득과 선악이 아닌, 당신의 마음이 즐기는 일을 선택해 주세요. 그렇다면 더욱 더 당신 다운 성과를 올릴 수 있을 것입니다.

◆ 타케미나카타노카미의 오행과 상징 및 키워드

	화혼	키워드
◈ 오행	목(木)	-참신
◈ 계절	2, 3, 4월(봄)	-당신 다운
◈ 시간	3시~9시	-의외성
◈ 방위	동	-매력이 증가한다
◈ 컬러	청색, 녹색	-기회
◈ 숫자	1, 2	-하고자 하는 마음(의욕)
◈ 덕목	인자함	-자립심
◈ 감정	분노	-결과
◈ 본능	수비	-즐거운 일
◈ 아이템	허브, 관엽식물	-선악을 생각하지 않기
◈ 재능	연구, 스스로를 드러냄, 잡담	-손실과 이득을 생각하지 않기
		-아이디어

15-2 타케미나카타노카미-황혼 카드

*황혼: 荒魂(아라미타마)
용맹한 반면, 거칠고 전투적, 때로는 사람에게 재앙을 미치는
영력이며 신의 분노를 가리킨다고도 한다.

◈ 의심

의심하는 자신을 의심하라

당신은 자신의 한계를 느끼고, 고민하고 있지 않나요? 도전하기 전부터 실패를 두려
워하는 것은 파워가 부족하다는 증거입니다. 잘 자고, 잘 먹고, 잘 활동한다. 생활을
조절하고, 에너지를 충전합시다. 지금은 마음이 흔들리기 쉬운 때입니다. 누군가를
의심하는 마음은 오히려 자기 자신을 의심하고 있기 때문에 일어나는 일입니다. 타
인을 의심하는 시간에 보다 자기 자신을 살펴보고 집중합시다.

◈ 타케미나카타노카미의 오행과 상징 및 키워드

	황혼	키워드
⚜ 오행	금(金)	-생활을 조절한다
⚜ 계절	8, 9, 10월(가을)	-타인을 의심한다
⚜ 시간	15시~21시	-한계
⚜ 방위	서	-방황
⚜ 컬러	하얀색, 금색, 은색	-실패를 두려워하다
⚜ 숫자	7, 8	-파워 부족
⚜ 덕목	정의감	-영양과 수면
⚜ 감정	슬픔	-자신을 의심하다
⚜ 본능	공격	-의심하는 자신
⚜ 아이템	보석, 귀금속	-믿은 자신
⚜ 재능	승인, 스스로를 드러냄, 잡담	-충전
		-에너지

16.니니기노미코토

화혼카드

황혼카드

【카드 그림 설명】

아마테라스의 손자이자, 천신인 니니기는 근두운(구름의 이름) 위에 있다. 아마테라스의 명으로 니니기는 지상에 강림하는데 그때 그에게 삼대신탁을 맡겼고, 삼종 신기도 주었다.

그 삼종 신기는 니니기의 목의 야사카니노마가타마(구슬), 오른손의 야타노카가미(거울), 왼손의 쿠사나기노츠루기(검)를 보면 확인 할 수 있다. 강림시에 어린 모습으로 묘사되었다.

◈ 삼대신탁(三大神勅)을 명 받은 신

신에 대한 설명

니니기는 아마테라스의 손자이며, 타카마가하라(高天原 천계)에서 아시하라노나카츠쿠니(葦原中国 지상)에 강림한 신이다. 아마테라스의 손자들이 지상에 강림하였기 때문에, 이것을 '천손강림(天孫降臨)'이라 한다.

아마테라스는 강림하는 니니기에게 벼 이삭을 건네며, "이 벼를 키워서 아시하라노나카츠쿠니를 통치하라."고 한다. 그러한 연유로 벼를 높이 쌓는 장소라는 의미인 '타카치호(高千穂)'라 명명하였다. 그 위에 아마테라스는 천황의 사명인 '삼대신탁(三大神勅)'을 니니기에게 맡긴다.

첫번째는 '텐죠무큐(天壌無窮)'의 신탁, 텐죠무큐란 이 나라의 군주임을 자각하는 것. 두번째는 '호우쿄호우사이(宝鏡奉斎)'의 신탁, "이 거울을 나라고 생각하고 매일 비춰보아라. 여기에 국민을 괴롭힐만한 자아가 있다면 바로 제거하여라." '카가미(거울)'에서 '가(자신)'를 빼면 '카미(신)'이 된다. 신의 삶을 표현한 것이다. 그리고 세번째가 '유니와노이나호(斎庭稲穂)'의 신탁, 벼를 키워서 이 나라를 번창하게 하라는 것. 이 세가지 신탁을 지키는 것이 천황의 사명이다.

강림 후, 니니기는 오오야마즈미의 딸 코노하나사쿠야히메에게 첫눈에 반해 아내로 맞이한다. 딸을 시집보낼 때, 아버지 오오야마즈미는 언니 이와나가히메도 같이 시집을 보낸다. 그러나 언니 이와나가히메는 용모가 그다지 아름답지 못하였는데, 그 모습을 본 니니기는 그녀만 친정으로 돌려보낸다. 집으로 돌아온 이와나가히메를 보고 아버지 오오야마즈미는 매우 안타까워한다.

딸을 같이 니니기에게 시집을 보낸 데는 그만한 이유가 있었다. 코노하나사쿠야히메를 곁에 두면 당신은 벚꽃이 활짝 피듯이 번영할 것이지만, 이와나가히메를 곁에 두면 당신의 생명은 이를 테면 눈이 내리고 바람이 불어도 변함없는 바위와 같이 영원할 것이다. 그러나 이처럼 이와나가히메를 돌려보내니, 당신의 생명은 벚꽃과 같이 덧없이 질 것이다.

이러한 연유로 지금까지 니니기의 자손인 천황은 신의 아들임에도 불구하고, 그 생명이 유한하게 되었다.

키미가요(君が代)의 "작고 많은 돌이 결속하여 하나의 바위가 된다."는 말은 자자손손, 바위와 같이 영속한다는 의미이다. 그러나 신인 니니기도 이와나가히메를 같이 보낸 아버지 오오야마즈미의 의도를 알고 있었을 것이다. 영원한 생명을 얻어 두 사람의 사랑이 식는 것보다는, 유한한 생명 속에서 할 수 있는 사랑을 다하겠다는 생각을 하였을지도 모른다. 사랑을 관철한 니니기. 이자나키(伊耶那岐), 이자나미(伊邪那美神) 이후, 신들은 사랑에 살고 사랑에 죽었던 것이다.

【소질】
농업의 신, 벼이삭의 신

【공덕】
오곡풍양, 축산, 국가 안전, 가내 안전, 액막이, 부귀 영달

【별칭】
니니기노미코토(瓊瓊杵尊), 아메노니기시쿠니니기시아마츠히코히코호노니니기노미코토(天饌石国饌石天津日高日子火瓊瓊杵命), 아마츠히코히코호노니니기노미코토(天津日高日子番能邇邇芸命), 히코호노니니기노미코토(彦火瓊瓊杵命)

【계보】
아마테라스의 손자, 아메노오시호미미의 아들

【신을 모시는 신사】
키리시마신궁(카고시마현 키리시마시),키리시마미네신사(미야자키현 코바야시시),키리시마히가시신사(미야자키현 니시모로카타군타카하루쵸),우도신궁(미야자키현 니치난시),미야케신사(미야자키현 사이토시),타카치호신사(미야자키현 니시우스키군 타카치호쵸),니타신사(카고시미현 사츠마센다이시),쇼이치이아사마신사(야마나시현 니시야츠시로군),아마츠신사(니가타현 이토이가와시),이미즈신사(토야마현 타카오카시),후타가미이미즈신사(토야마현 타카오카시),우바라신사(토야마현 타카오카시),사카모토신사(니가타현 미나미우오누마시),이와쿠라신사(후쿠이현 오오노시),킨츠루기신사(후쿠이현 후쿠이시),쿠즈미신사(후쿠이현 츠

루가시),타쿠즈다마신사(나가사키현 츠시마시),츠쿠도신사(도쿄도 치요다구),아라호신사(사가현 미야키군키야마쵸),아카쿠니신사(교토부 아야베시),기타 전국각지의 신사

◆ 니니기노미코토의 기본 성향-화혼카드 황혼카드 공통사항

타입	초등학생
◈ 상징성	실제의 이익
◈ 인간관계	이해 관계에 따른다
◈ 언행의 중심축	자신의 생각을 중심으로 행동한다
◈ 지향하는 바	실력자가 되는 것
◈ 개선하는 방법	목적을 빠르게 해결한다
◈ 진로	돈과 재산에 따른다
◈ 가치관	자신의 굳은 신념으로 판단한다
◈ 사고력	이론적이다
◈ 행동력	활동적이다
◈ 적재적소	개인 능력의 최고치를 발휘한다
◈ 사명감	목표를 세우고 계획을 실천한다

16-1 니니기노미코토-화혼 카드

*화혼: 和魂(니기미타마)

신령의 정적인 상태에서의 다정하고 온화한 영력을 가리킨다.

◈ **동심**

순수하게 배우다

모든 것은 당신에게 달려 있습니다. 지금 당신에게 부족한 것은 무엇인가요? 어쩌면 기초적인 것인지도 모릅니다. 그 기초를 습득하기 위해서는 자신의 판단은 일단 옆에 제쳐 두고 모든 것을 받아들이는 순수한 마음이 중요하고 필요합니다. 그 동심의 모습이 다양한 것에 흥미를 가지는 근원이 됩니다. 부모님과 은사님의 말씀에 귀를 기울이면 좋은 일이 생길 것입니다.

◈ 니니기노미코토의 오행과 상징 및 키워드

	화혼	키워드
❖오행	화(火), 토(土)	-모든 것을 수령
❖계절	5, 6, 7월(여름)	-순수하게 배운다
❖시간	9시~15시	-달려있다
❖방위	남, 남동, 북서	-부족한 부분
❖컬러	적색, 주황색, 황색, 갈색	-기초를 굳히다
❖숫자	3, 4, 5	-옳음
❖덕목	예의, 신뢰	-일단 옆으로
❖감정	기쁨, 생각	-위대한 사람의 지혜로부터 배운다
❖본능	전달, 매력	-귀를 기울이다
❖아이템	미술품, 커피	-부모와 은사
❖재능	크리에이티브, 커뮤니케이션, 정력적	-흥미
		-동심의 모습

16-2 니니기노미코토-황혼 카드

*황혼: 荒魂(아라미타마)
용맹한 반면, 거칠고 전투적, 때로는 사람에게 재앙을 미치는
영력이며 신의 분노를 가리킨다고도 한다.

◈ 객관성

은사의 말씀

혹시 주체적으로 일을 처리하지 못하고 혼자 고민하고 있지 않나요? 지금은 객관적
으로 자신을 다시 살펴볼 때입니다. 은사님과 부모님의 말씀에 힌트가 있을지도 모
릅니다. 타인과 경쟁하지 않고, 존경받는 입장이 되면 당신에게 가르침을 청하러 오
는 사람이 나타날지도 모릅니다. 지식은 책상에서, 지혜는 노고를 통해 얻을 수 있습
니다. 자신은 어떻게 하고 싶은 지, 타인은 어떻게 보고 있는지를 생각하는 좋은 기
회가 될 것입니다.

◈ 니니기노미코토의 오행과 상징 및 키워드

	황혼	키워드
❖ 오행	수(水), 토(土)	-경쟁하지 않는다
❖ 계절	11, 12, 1월(겨울)	-생각한다
❖ 시간	21시~3시	-주체적
❖ 방위	북, 남서, 북동	-고민을 안다
❖ 컬러	검은색, 보라색, 황색, 갈색	-객관성
❖ 숫자	9, 0, 6	-은사의 말
❖ 덕목	지혜나 지성, 신뢰	-힌트
❖ 감정	공포, 생각	-기회
❖ 본능	습득, 매력	-지혜는 수고, 노고
❖ 아이템	감실 (神棚), 따뜻한 색 조명	-지식은 탁상
❖ 재능	크리에이티브, 표현, 봉사	-가르치는 입장
		-존경받는다

17.사루타히코노미코토

화혼카드	황혼카드

【카드 그림 설명】

사루타히코는 류큐미야코시마에 오래 전부터 전해지는 선도의 신이다. 류큐의 성인 남성의 머리 스타일 카타카시라(머리 위에서 묶는)모습이다. 니니기가 강림할 때, 갈래 길에서 오고 가도 못하고 있었는데, 그때 지상까지의 길을 비추는 신 사루타히코가 나타났다. 사루타히코의 목에는 8개의 구슬이 확인할 수 있는데, 이는 팔방을 볼 수 있는 능력을 나타낸다.

길을 무사히 안내한 후, 사루타히코는 그의 고향인 이세로 돌아갔다. 텐구의 원형이라고도 불리는 사루타히코, 원래 텐구라는 언어는 중국에서 흉사를 알리는 유성을 뜻하는 것이었다. 그 유성을 사루타히코의 오른손의 거울로 표현하고 있다. 사루타히코는 후시미이나리대사에 모셔지는 사타히코와 동일시됨으로 왼손에 쥐고 있는 벼이삭으로 그것을 표현했다.

또한 사루타히코는 흰 수염인 모습으로 그려져 있다. 시라히게신사(흰 수염 신사)에 제신으로 사루타히코가 모셔져 있는데, 여기서 그는 흰 머리에 흰 수염의 노인의 모습으로, 사명(신사의 이름)의 유래이기도 하는 장수의 신이다.

◈ 신출귀몰의 텐구(天狗)로 불리는 신

신에 대한 설명

아마테라스를 모시던 니니기가 타카마가하라(高天原 천계)에서 아시하라노나카츠쿠니(葦原中国 지상)로 강림할 때, 여러 갈래로 나누어진 길 앞에서 오도 가도 못하고 있었다. 니니기가 선 채로 쩔쩔매던 이 길을 '아마노야치마타(天の八衢)'라고 부른다. 이 '야(八)'라는 숫자는 "고사기(古事記)"에 자주 등장한다.

'야오요로즈(八百万)', '야마타노오로치(八岐大蛇)' 3종의 신기(神器)인 '야타카가미(八咫鏡)'와 '야사카니노마가타마 (八尺瓊勾玉)' 이 외에도 이즈모를 그 옛날에는 '야쿠모(八雲)'로 표기하였고, 국가 키미가요에도 '야치요(八千代)'가 등장한다. 이 '야(八)'라는 숫자에는 크기와 무한, 영원, 위대함이라는 의미가 있다. '야(八)'라는 숫자는 일본인에게 가장 재수가 좋은 숫자이다.

이야기의 처음으로 돌아가서, 니니기가 오도 가도 못하고 있을 때, 타카마가하라에서 아시하라노나카츠쿠니까지의 길을 비추는 쿠니츠카미(国津神 지상의 신)가 등장한다. 그 신이 사루타히코이다. 아마테라스는 아메노우즈메에게 "당신은 주눅이 들지 않으니까, 가서 그의 이름을 알아 오라."고 명한다. "사루타히코노미코토"라고 이름을 밝힌 그는 니니기에게 길을 안내하기 위해 등장한 것이다. 이 것이 계기가 되어 아메노우즈메는 사루타히코의 아내가 된다. 그리고 "사루메노키미(猿女君)"로 불리게 된다.

이 사루타히코는 '코가 길고 신장은 2미터(鼻長七咫,背長七尺)'라는 기록에서, 텐구(天狗)의 원형이라고도 한다. 사루타히코는 그들을 무사히 데려다 주고 고향인 이세(伊勢)로 돌아간다. 그리고 이세에 돌아와서 개척에 힘을 쏟는다. 후에 야마토히메노미코토(倭姫命)가 아마테라스를 모실 땅을 찾고 있을 때, 헌상한 곳이 현재의 이세신궁(伊勢神宮)이다. 사루타히코는 이세의 대지주였다. 그러나 싸우려고 하지 않고 순순히 헌상하는 모습이 존경스럽다.

이 정신이 20년에 한 번 거행하는 시키넨센구우(式年還宮 20년에 한번 별도로 새로 건축해서 신체 등 의식의 일체를 새로운 신사로 옮기는 일)로 이어진다. 영웅은 전쟁에서 승리하면서 태어난다. 그러나 일본에서는 이러한 덕이 높은 사람을 '영웅'이라고 부르기도 한다.

그 후, 수백 년 동안 자손이 저택 내에서 사루타히코를 모시고 있다가, 메이지 이후 공공의 신사에 모시게 되었다. 그것이 현재의 사루타히코신사(猿田彦神社)이다. 이 부지 내에 사루타히코의 부인인 아메노우즈메를 모시는 사루메신사(佐瑠女神社)가 있다.

【소질】
길을 인도하는 신, 교통의 신, 이세의 지주신

【공덕】
교통안전, 결혼(인연맺기), 연명장수, 액막이, 장사 번성, 식산흥업

【별칭】
사루타히코노오오카미(猿田毘古大神), 사루타히코오오카미(猿田彦大神)

【계보】
불명

【신을 모시는 신사】
사루타히코신사(교토시 카미교쿠),이즈모지사이노카미노야시로(시마네현 야스기시),코소시신사(시마네현 마츠에시),오오아사히코신사(토쿠시마현 토쿠시마시),스기노모리시라히게신사(후쿠이현 후쿠이시),아라타테신사(미야자키현 니시우스키군타카치호쵸),미사키샤(오카야마현 오카야마시),후타미오키타마신사(미에현 이세시),츠바키오오카미야시로(미에현 스즈카시),시라히게신사(기후현 오오가키시),아자카신사(미에현 마츠사카시),사루타히코신사(미에현 이세시),코우신샤(후쿠오카현 노오가타시),사루타히코신사(후쿠오카시 사와라쿠),사루타히코신사(교토시 카미교쿠),무쿠신사(사이타마현 치치부시),아오이신사(도쿄도 이나기시),노시라신사

(시마네현 마츠에시),후시미이나리타이샤(교토시 후시미쿠),사다신사(시마네현 마츠에시),기타 전국의 사루타히코신사.

◈ 사루타히코노미코토의 기본 성향-화혼카드 황혼카드 공통사항

타입	초등학생
◈ 상징성	실제의 이익
◈ 인간관계	이해 관계에 따른다
◈ 언행의 중심축	자신의 생각을 중심으로 행동한다
◈ 지향하는 바	실력자가 되는 것
◈ 개선하는 방법	목적을 빠르게 해결한다
◈ 진로	돈과 재산에 따른다
◈ 가치관	자신의 굳은 신념으로 판단한다
◈ 사고력	이론적이다
◈ 행동력	활동적이다
◈ 적재적소	개인 능력의 최고치를 발휘한다
◈ 사명감	목표를 세우고 계획을 실천한다

17-1 사루타히코노미코토-화혼 카드

*화혼: 和魂(니기미타마)
신령의 정적인 상태에서의 다정하고 온화한 영력을 가리킨다.

◆ 타이밍

빛이 보인다

지금 매우 절묘한 타이밍에 좋은 기회가 찾아왔네요. 당신에게는 그것을 판별할 능력이 있습니다. 마치 길에 태양빛이 비치듯이 미래의 전망이 확연히 드러납니다. 설레임과 정열이 샘솟는 것은 하늘의 메시지입니다. 순수하게 받아들이세요. 그것이 움직일 타이밍입니다. 당신이 선두에 서서 사람들을 인도하세요. 미래를 위해, 기초를 다진다는 의식을 가지고 전념하세요.

◆ 사루타히코노미코토의 오행과 상징 및 키워드

	화혼	키워드
❋ 오행	화(火), 토(土)	-설레다, 기대감
❋ 계절	5, 6, 7월(여름)	-인도하다, 이끌다
❋ 시간	9시~15시	-타이밍
❋ 방위	남, 남동, 북서	-호기, 좋은 기회
❋ 컬러	적색, 주황색, 황색, 갈색	-판별력
❋ 숫자	3, 4, 5	-미래
❋ 덕목	예의, 신뢰	-외길
❋ 감정	기쁨, 생각	-기초를 다지다
❋ 본능	전달, 매력	-선두에 서다
❋ 아이템	미술품, 커피	-순수하게 받아들이다
❋ 재능	크리에이티브, 커뮤니케이션, 정력적	-메시지
		-정열

17-2 사루타히코노미코토-황혼 카드

*황혼: 荒魂(아라미타마)

용맹한 반면, 거칠고 전투적, 때로는 사람에게 재앙을 미치는
영력이며 신의 분노를 가리킨다고도 한다.

◈ 외길

방황을 끝내다

분수에 넘치는 일을 하고 있지 않나요? 하고 싶은 일이 너무 많아 방황하고 있지 않
나요? 방황을 끝내기 위해서는, 하고 싶은 일을 정하는 것이 아니라 하지 않을 일을
정하는 것입니다. 그 일로 인해 답답할지도 모르겠습니다. 그러나 길을 정한 사람은
아름답습니다. 왜냐하면, 거기에 답이 있기 때문입니다. 당신 자신이 누군가의 방황
을 끝낼 수 있습니다.

◈ 사루타히코노미코토의 오행과 상징 및 키워드

	황혼	키워드
▒ 오행	수(水), 토(土)	-맡지 않는다
▒ 계절	11, 12, 1월(겨울)	-미학
▒ 시간	21시~3시	-방황
▒ 방위	북, 남서, 북동	-끝내다
▒ 컬러	검은색, 보라색, 황색, 갈색	-외길
▒ 숫자	9, 0, 6	-답답함
▒ 덕목	지혜나 지성, 신뢰	-분수
▒ 감정	공포, 생각	-당신은 누구
▒ 본능	습득, 매력	-정하다
▒ 아이템	감실 (神棚), 따뜻한 색 조명	-하지 않을 일
▒ 재능	크리에이티브, 표현, 봉사	-하고 싶은 일
		-기초를 튼튼히 하다

18. 코노하나사쿠야히메

화혼카드

황혼카드

【카드 그림 설명】

후지산의 신체인 코노하나사쿠야히메, 그녀의 이름에 "사쿠야"는 벚꽃의 어원이라고 한다.

그래서 카고시마의 사쿠라지마의 신체도 이 신이다. 니니기가 천손강림했을 때 한 눈에 반한 아름다운 여신. 여신의 화려한 옷은 번영의 상징임을 나타낸다. 코노하나는 니니기와 결혼하지만, 하루만에 임신한다.

이에 의심을 가진 니니기는 다른 지상의 신의 아이가 아닌지 의심하고 이에 분노한 코노하나는 스스로 불을 태워서 "천신 니니기의 아이라면 무슨 일이 있어도 무사히 태어날 것이다."며 자신의 결백을 인증한다.

◆ 벚꽃처럼 피고, 벚꽃처럼 지는 미인 박명의 신

신에 대한 설명

코노하나사쿠야히메를 제신(御祭神)으로 모시는 후지산 본궁 아사마신사(富士山本宮浅間神社)에는 타케토리이야기(竹取物語)와 매우 비슷한 유래의 이야기가 전해진다. 이는 후지산의 신체(御神体 신령이 머문다고 생각되는 예배의 대상물)가 되었다. 그 이름에 걸맞게 아름답게 피고 지는, 행운이 짧은 신이다.

코노하나사쿠야히메는 산신이며, 오오야마즈미의 딸이다. 니니기가 코노하나사쿠야히메에게 한눈에 반하여 아내로 맞이하고 싶다고 오오야마즈미에게 고하자, 오오야마즈미는 크게 기뻐한다. 그는 언니인 이와나가히메도 같이 시집을 보낸다. 그러나 이와나가히메의 모습이 매우 추하였기 때문에, 니니기는 오오야마즈미에게 돌려보낸다.

오오야마즈미는 이와나가히메가 돌아온 것을 매우 치욕으로 여기고, 니니기를 저주한다. 오오야마즈미가 이와나가히메를 같이 시집을 보낼 때는 다 생각이 있었기 때문이었다. 코노하나사쿠야히메는 얼굴 모양과 몸매도 아름답고 벚꽃처럼 화려하지만, 그 생명은 단명으로 곧 지고 만다.

그래서 바위와 같이 영원한 생명을 가진 이와나가히메를 같이 보낸 것이었다. 그것을 알지 못하는 니니기는 이와나가히메를 돌려보내고 말았다. 그 일로 영원한 수명도 유한하게 되어버렸다. 그 후, 하루 밤에 두 사람은 결혼하고, 임신한다. 그러나 니니기는 하루 밤에 임신한 것을 이상하게 생각하고, 다른 쿠니츠카미(国津神)의 자식이 아닐까 의심한다.

격노한 코노하나사쿠야히메는 산실로 들어가 스스로 불을 지른다. "아마츠카미(天津神) 니니기의 아이라면 어떤 일이 있더라도 무사히 태어날 것이다." 그 불꽃 속에서 호데리, 호스세리, 호오리의 세 아이가 태어난다. 이 호오리의 손자가 초대 진무천황(神武天皇)이다.

사람을 끌어당기는 매력은 질투와 의심의 대상이 될 수 있다. 또 사로잡힌 매력에 걸맞은 보상을 요구한다. 그 보상을 주지 않으면 사람은 배신당했다고 낙담한다. 이처럼 노력에 의한 아름다움이 아니라, 타고난 아름다움은 다양한 시련이 닥친다. 언뜻 화려한 인생도, 본인밖에 모르는 고민이 있다. 미인 박명이란 이러한 데서 전래하였는지도 모른다.

【소질】
산신, 불의 신, 주조의 신

【공덕】
순산, 자식, 화재의 위험을 방어, 직물업의 수호, 농업, 어업 · 항해의 수호

【별칭】
코노하나사쿠야히메(木花開耶姬), 사카토케노코노카미(酒解子神), 코노하나사쿠야비메노미코토(木花之佐久夜毘売姬), 코노하나치루히메

【계보】
오오야마즈미의 딸

【신을 모시는 신사】
후지산혼구우아사마다이샤(시즈오카현 후지노미야시), 코야스신사(미에현 이세시), 츠마신사(미야자키현 사이토시), 키바나신사(미야자키현 미야자키시), 타카치호신사(미야자키현 니시우스키군타카치호쵸), 키리시마신궁(카고시마현 키리시마시), 닛타신사나이하시노미사사기신사(카고시마현 사츠마센다이시), 오오야마즈미신사나이히메코무라신사(에히메현 이마바리시), 아가타신사(교토부 우지시), 사쿠라이코야스신사(치바현 아사히시), 아사마신사(야마나시현 후에부키시), 이치노미야센겐신사(야마나시현 니시야츠시로군이치카와미사토쵸), 아즈신사(토쿠시마현 아마군카이요우쵸), 코우네신사(오카야마현 비젠시), 하나시야마신사(이바라키현 카사마시), 사자레이시신사(후쿠오카현 이토시마시), 코노하신사(나라현 카시하라시), 와라텐신궁(교토시 키타구), 코쿠쵸우리신사(톳토리현 쿠라요시시), 하코네신사(카나가와현 아시가라시모군하고네마치), 쿠츠미신사(후구이현 츠루가시), 기타 전국 각지의 신사

◆ 코노하나사쿠야히메의 기본 성향-화혼카드 황혼카드 공통사항

타입	태아
❖ 상징성	홀로서기
❖ 인간관계	이해 관계에 따른다
❖ 언행의 중심축	자신의 생각을 중심으로 행동한다
❖ 지향하는 바	실력자가 되는 것
❖ 개선하는 방법	변화를 준다
❖ 진로	돈과 재산에 따른다
❖ 가치관	자신의 굳은 신념으로 판단한다
❖ 사고력	감성적이다
❖ 행동력	활동적이다
❖ 적재적소	기획하는 힘이 있다
❖ 사명감	목표를 세우고 계획을 실천한다

18-1 코노하나사쿠야히메-화혼카드

*화혼: 和魂(니기미타마)
신령의 정적인 상태에서의 다정하고 온화한 영력을 가리킨다.

◆ 재능의 꽃
미의식을 높이자

지금이 개화 시기입니다. 당신의 참신한 아이디어에 꽃이 핍니다. 당신의 재능을 채 펼쳐 보지 못하고 끝내지 않도록 하세요. 변하고 싶다, 바꾸고 싶은 소원이 있으면 지금 즉시 도전해 보세요. 특히 미의식을 추구함으로써 그 꽃봉우리는 개화하고, 그에 어울리는 상대를 끌어당깁니다. 바쁘다는 핑계로 자신을 뒤로 미루지 않도록 하세요. 꽃의 생명은 영원하지 않다는 것을 깨닫고 바로 지금 당신의 모든 것을 펼쳐보입시다.

◆ 코노하나사쿠야히메의 오행과 상징 및 키워드

	화혼	키워드
🌸 오행	화(火), 토(土)	-미의식
🌸 계절	5, 6, 7월(여름)	-꽃의 생명
🌸 시간	9시~15시	-재능 개화
🌸 방위	남, 남동, 북서	-참신
🌸 컬러	적색, 주황색, 황색, 갈색	-아이디어
🌸 숫자	3, 4, 5	-꽃봉우리로 끝나다
🌸 덕목	예의, 신뢰	-개화의 소망
🌸 감정	기쁨, 생각	-유한
🌸 본능	전달, 매력	-뒤로 미루다, 뒷전
🌸 아이템	미술품, 커피	-바쁨
🌸 재능	지위, 승인, 저축	-어울리는 상대
		-지금 즉시 도전

18-2 코노하나사쿠야히메-황혼카드

*황혼: 荒魂(아라미타마)

용맹한 반면, 거칠고 전투적, 때로는 사람에게 재앙을 미치는 영력이며 신의 분노를 가리킨다고도 한다.

◈ **결백**

처세술

당신의 결백을 밝히고 싶어서, 말문이 막히고 답답하지 않나요? 지금은 결백을 주장하더라도 오해를 사기 쉬울 때입니다. 증오하거나 감정적으로 대처하면 자멸할 수도 있습니다. 싫은 선물을 받지 않는다면, 그 선물은 보낸 사람에게 되돌아 가듯이, 의심과 질투를 유연하게 받아 넘기는 처세술을 가지도록 합니다. 자신의 진심을 듣지 않는 사람과는 거리를 두세요. 그 사람들과 거리를 두는 것만으로도 운수가 트입니다.

◈ 코노하나사쿠야히메의 오행과 상징 및 키워드

	황혼	키워드
❖오행	수(水), 토(土)	-싫은 선물
❖계절	11, 12, 1월(겨울)	-처세술
❖시간	21시~3시	-오해
❖방위	북, 남서, 북동	-결백
❖컬러	검은색, 보라색, 황색, 갈색	-증오
❖숫자	9, 0, 6	-감정적
❖덕목	지혜나 지성, 신뢰	-자멸
❖감정	공포, 생각	-개운
❖본능	습득, 매력	-받아 넘기다
❖아이템	감실 (神棚), 따뜻한 색 조명	-의심과 질투
❖재능	육성, 저축, 인망	-누구의 것
		-받지 않는다

19. 이와나가히메

화혼카드

내면의 아름다움

이와나가히메
자신에게 정직하다

황혼카드

심지

이와나가히메
장기적인 과제입니다

【카드 그림 설명】

코노하나사쿠야히메와 자매이자, 니니기에게 거절 당한 이와나가히메. 니니기에게 그녀들의 아버지가 "코노하나사쿠야히메는 벚꽃처럼 아름답지만, 지는 짧은 생명이기 때문에, 생명은 바위처럼 오래 번영하는 이와나가히메를."라는 뜻으로 둘을 보낸다. 그러나 이와나가히메는 외모가 흉한 나머지 니니기가 집으로 돌려보내지게 된다. 이 때문에 우리의 생명은 유한한 것이 되어 수명이 생겼다고 여겨져 있다.

이와나가히메는 흉한 신이라고 여겨지고 있지만, 실은 잘 보이지 않는 신으로 거울로 얼굴을 가리고 있는 것이다. 즉 표면의 아름다움은 눈에 보이지만 마음의 아름다움은 그 마음을 가지는 자가 아니면 헤아릴 수 없다. 배경에는 바위가 있다. 이는 바위처럼 긴 생명을 뜻하고, 지는 벚꽃과 대비적이다.

또한 그녀의 옷은 이끼를 표현했다. 이와나가히메가 왼손에 든 거울을 시로미라고 한다.

이는 니니기가 자신만 집으로 돌려보냈을 때, 이 상황에 한탄한 이와나가히메가 자신을 비추는 거울을 멀리 던졌고, 시로미가 떨어진 곳이 현재의 시로미라는 지명이 되었다고 전해진다. 이 거울을 신체로하는 신사가 시로미신사다.

◈ 진정한 풍요함을 가진 신

(진정한 풍요란 경제적, 물질적인 풍요로움만이 아니라 다양성, 공평성, 안심, 희망과 감동과 보람, 다정함과 명예로움 등 정신적인 풍요로움을 통합한 것이다.)

신에 대한 설명

이와나가히메는 절세의 미녀인 코노하나사쿠야히메와 자매이며, 니니기에게 같이 시집을 간 여신이다. 그러나 얼굴 모양과 몸매가 추하다는 이유로 혼자 돌아온다. 코노하나사쿠야히메는 벚꽃처럼 화려하지만, 벚꽃같이 피고 벚꽃처럼 진다. 그 생명은 단명으로 유한하다. 이와나가히메의 모습은 추하지만 그 생명은 바위처럼 오래 번영한다. 니니기는 외모에만 마음을 빼앗겨 이와나가히메의 본질을 발견하지 못하였기 때문에, 아버지인 오오야마즈미에게 돌려보낸다.

사실 이와나가히메는 추한 신이라고 하지만, 진짜는 추한 것이 아니라, 얼굴을 보기 어려운 신이다. 그래서 얼굴을 숨기고 있는 것이다. 마치 큰 복은 만나기 어려운 것과도 비슷하다. 즉, 외모의 아름다움은 눈에 보인다. 그러나 마음의 아름다움은 그 아름다움을 가진 자만이 느낄 수 있다.

젊을 때는 주위 시선에 신경이 쓰여 외모와 행동거지 등 자기 주장을 하고 싶어 한다. 또 젊은이는 자기 주장하는 자에게 쉽게 정신을 빼앗기고 동경한다. 그러나, 나이가 들수록 주위와 협조하고, 사람을 살릴 수 있는 사람이 있는 곳으로 사람은 모여들게 된다. 외모의 아름다움은 나이가 들수록 사라진다.

또한 마음의 아름다움은 나이가 들수록 우아해진다. 그 우아함은 표정으로 나타난다. 결코 사람에게 우쭐대지 않지만, 그 사람의 삶과 말에 구원을 받는 사람이 많아진다. 즉, 그 우아함은 바위와 같이 죽을 때까지 쇠퇴하지 않는다. 그 의지를 아이들이 배운다. 바위에 이끼가 덮이듯이 영원히 번영한다. 키미가요(君が代)에 있는 "이끼가 덮일 때까지"란 그와 같은 것을 말한다.

사람은 젊은 시절만 있는 것은 아니다. 또 외모의 아름다움만이 있는 것도 아니다.

인생을 풍부하게 하는 것은 내면의 아름다움이다. 그 아름다움이 사회를 만들고 평화로운 세상을 만든다. 아버지에게 돌아간 이와나가히메의 마음은 동요하지 않고 평온하였다. 만일 손해를 봤다고 느끼더라도. 자신을 믿고 선에 열중한다. 이끼가 덮일 때까지는 그 때를 기다릴지도 모른다.

【소질】
절연(인연 끊기), 연명(수명을 잇다), 장수

【공덕】
절연, 연명 장수

【별칭】
이와나가히메(石長比売命)

【계보】
오오야마즈미의 딸

【신을 모시는 신사】
아사마신사(시즈오카현 카모군마츠자키쵸), 타이쇼군신사(교토시 키타구), 시로미신사(미야자키현 사이토시), 이사사신사(시가현 쿠사츠시), 쿠모미센겐신사(시즈오카현 카모군마츠자키쵸), 코우타이신사나이이와나가히메샤(교토부 후쿠치야마시), 오오무로야마센겐신사(시즈오카현 이토우시), 오오야마즈미신사나이아나바신사(에히메현 이마바리시), 이즈신사(기후현 기후시), 키후네신사나이켓샤(교토시 사쿄우쿠), 이와나가히메신사(효고현 아마가사키시), 갓스이세키신사(이바라키현 츠쿠바시), 미시마신사(시즈오카현 카모군카와즈쵸), 아시타카신사(오카야마현 쿠라시키시), 야나기하라신사(시즈오카현 누마즈시), 사자레이시신사(후쿠오카현 이토시마시), 카이나신사(야마나시현 코우후시), 이와하시신궁(후쿠시마현 야마군이나와시로마치), 류코우신사(미야기현 이시노마키시), 요코야마신사(시가현 나가하마시), 아오시마신사이시시신사(미야자키현 미야자키시), 기타 전국 각지의 신사.

◆ 이와나가히메의 기본 성향-화혼카드 황혼카드 공통사항

타입	제왕
❧ 상징성	유연함
❧ 인간관계	이해 관계에 따른다
❧ 언행의 중심축	자신의 생각을 중심으로 행동한다
❧ 지향하는 바	실력자가 되는 것
❧ 개선하는 방법	겸허하게 행한다
❧ 진로	돈과 재산에 따른다
❧ 가치관	자신의 굳은 신념으로 판단한다
❧ 사고력	이론적이다
❧ 행동력	신중하다
❧ 적재적소	관리하는 힘이 있다
❧ 사명감	목표를 세우고 계획을 실천한다

19-1 이와나가히메-화혼 카드

*화혼: 和魂(니기미타마)
신령의 정적인 상태에서의 다정하고 온화한 영력을 가리킨다.

◈ 내면의 아름다움
자신에게 정직하다

마음이 흔들리고 있지 않나요? 본질적인 물음을 피하고 있지 않나요? 흔들리지 않는 강한 마음은 갑자기 키울 수 있는 것이 아닙니다. 시간을 두고, 본질에 대해 생각하고, 파괴와 재생을 반복한 자만이 그 답을 이끌어 낼 수 있습니다. 이끼로 덮인 바위처럼 서두르지 않고 시야에 두고 장기적인 관점에서 파악해야 합니다. 한 번 나온 답은 마음 깊숙이 침투하여 쉽게 사라지지 않습니다. 그만큼 강력해지는 것입니다.

◈ 이와나가히메의 오행과 상징 및 키워드

	화혼	키워드
❖ 오행	화(火), 토(土)	-부동심
❖ 계절	5, 6, 7월(여름)	-한번 나온 답
❖ 시간	9시~15시	-내면의 아름다움
❖ 방위	남, 남동, 북서	-자신에게 정직
❖ 컬러	적색, 주황색, 황색, 갈색	-마음의 동요
❖ 숫자	3, 4, 5	-본질의 물음
❖ 덕목	예의, 신뢰	-피하다
❖ 감정	기쁨, 생각	-마음에 침투
❖ 본능	전달, 매력	-장기적인 시야
❖ 아이템	미술품, 커피	-답을 찾다
❖ 재능	연구, 팀워크, 매니지먼트	-파괴와 재생
		-시간이 걸리다

19-2 이와나가히메-황혼 카드

*황혼: 荒魂(아라미타마)

용맹한 반면, 거칠고 전투적, 때로는 사람에게 재앙을 미치는
영력이며 신의 분노를 가리킨다고도 한다.

◈ 심지

장기적인 과제입니다

외모나 겉으로 드러난 표면의 아름다움에 집착하고 있지 않나요? 화려한 성과를 올
리는 것만이 자기표현이 아닙니다. 지금은 마음의 아름다움을 유지하는 데 최선을
다해 주세요. 평판과 듣기 좋은 말이 아니라, 선의 본질을 파악하는 것으로, 내면의
풍부함과 마음의 안정을 얻을 수 있습니다. 마찬가지로 맑고 청명하게 살기를 소원
하는 사람들이 당신을 연모하고 신뢰하여 구원을 바라는 때가 올 것입니다.

◈ 이와나가히메의 오행과 상징 및 키워드

	황혼	키워드
❖ 오행	수(水), 토(土)	-세상의 체면
❖ 계절	11, 12, 1월(겨울)	-마음의 안정
❖ 시간	21시~3시	-외모(표면)의 아름다움
❖ 방위	북, 남서, 북동	-사로잡히다
❖ 컬러	검은색, 보라색, 황색, 갈색	-화려한 성과
❖ 숫자	9, 0, 6	-마음의 아름다움
❖ 덕목	지혜나 지성, 신뢰	-의식을 기울이다
❖ 감정	공포, 생각	-장기적 과제
❖ 본능	습득, 매력	-내면의 풍부함
❖ 아이템	감실(神棚), 따뜻한 색 조명	-확인하다
❖ 재능	연구, 팀워크, 매니지먼트	-선의 본질
		-귀에 거슬림

20. 진무천황

화혼카드	황혼카드

和 자연의 진리 魂

神武天皇

XX
진무천황
자연에 다가서다

荒 고독 魂

神武天皇

XX
진무천황
목표는 바로 거기

【카드 그림 설명】

태어나면서 지혜롭고 강한 의지를 가진 카무야마토이와레비코노미코토(후의 진무천황).

그는 용감한 표정을 하고 있다. 15살에 황태자가 되고, 45살로 형들과 동방 정벌을 하고, 그 후 최초 진무 천황이 되었다. 배경인 눈으로 아름답게 덮인 산은 그가 즉위한 건국기념일을 이미지했다. 이 동방 정벌의 위기를 맞이한 그를 길 안내한 세 발을 가지는 야타가라스가 그려져 있다. (삼족오)

◆ 나를 버리고 공공을 위해 살아가는 초대 진무천황(神武天皇) 신에 대한 설명

카무야마토이와레비코노미코토, 훗날 초대 진무천황이 된다. 큐슈닛코우(九州日光)(미야자키현宮崎県)에서 3남, 또는 4남으로 태어났다. 태어나면서부터 총명하고 사리에 통달하여, 강한 의지력을 갖고 있던 것으로 전해진다.

그후, 야마토쿠니(大和国)를 평정하고 기원전 660년 2월11일에 즉위하여, 초대 진무천황이 된다. 이 날을 건국기념일로 한다. 당시 52세였다. 이 때 3명의 형들은 최선을 다하였다. 즉위부터 2683년(레이와令和5년 현재) 신화가 지금까지 이어지고 있으며 니니기가 천손 강림 후 약180만년 정도이다. 이 때까지도 아직 전 국토를 천황이 다스리지 못하고 있었다. 진무천황(神武天皇)의 '진무(神武)'는 "가장 뛰어난 지식이며, 헤아릴 수 없는 용기를 갖고, 인민의 생명을 존중하는 인을 겸비한 자."를 뜻한다. "함부로 사람을 죽이는 일이 무도가 아니다."라는 의미이다.

즉위할 때 "천하를 한 가족으로 생각하고, 자신이 옳은 일을 행하는, 그 마음을 널리 펼치고 싶다."고 언급하였다. 사람이란 사람위에 서면 무엇이든지 자신이 말하는 대로 이루어진다고 착각하고 만다. 그것이야 말로 독재이며, 자아이다.

삼대신탁(三大神勅) 중 호쿄호사이(宝鏡奉斎) 신탁에 "자신의 자아가 인민을 괴롭히고 있지 않은지? 거울에 비추어 보아, 만일 자아(自我)가 있다면 그 아(我)를 제거하라."고 한것은 '카가미(거울)'에서 '가(자신)'를 빼면 '카미(신)'가 되며, 또한 자신의 짧은 자만으로 어리석은 다스림을 경계하라는 뜻이다. 이것은 국가의 초석이 되는 위대한 가르침이다.

진무천황은 3명의 형제와 동쪽 정벌을 가지만, 결국 한 사람만 살아 남는다. 창시자란 그만큼 고독하다. 그 고독을 이겨내야만 대업을 이룰 수 있다. 이 때의 고독이란 "나를 버리고 공공이 된다."는 것을 가리킨다.

【소질】
군신, 농업신, 바다의 신

【공덕】
연명장수, 개운, 먼 미래의 일까지 보호하다. 병을 치유함

【별칭】
카무야마토이와레비코노미코토(神倭伊波礼毘古命), 토요미케누노미코토(豊御毛沼命), 와카미케누노미코토(若御毛沼命), 카무야마토이와레비코호호데노미코토(神日本磐余彦火火出見尊), 토요케누노미코토(豊毛沼命)

【계보】
우가야후키아에즈, 타마요리히메의 4번째 아들

【신을 모시는 신사】
카시하라신궁(나라현 카시하라시),미야자키신궁(미야자키현 미야자키시),사노신사(미야자키현 니시모로카타군타카하라쵸),오오니이마스미시리츠히코신사(나라현 시키군),타케신사(히로시마현 아키군후츄쵸),코우지마신사(오카야마현 카사오카시),타카시마신사(오카야마현 오카야마시),도우소신사(교토부 난탄시),타카치호신사(미야자키현 니시우스키군타카치호쵸),키비츠히코신사(오카야마현 오카야마시), 우나기히메신사(오이타현 유후시),타다신사(니가타현 카시와자키시),카모신사(후쿠이현 후쿠이시),사사무시신사(후쿠이현 뉴우군에치젠쵸),미나시신사(기후현 타카야마시),키리시마히가시신사(미야자키현 니시모로카타군타카하라쵸),키리시마신궁(카고시마현 키리시마시),미야케신사(미야자키현 사이토시),츠마키리시마신사(미야자키현 미야코노죠우시),우도신사(미야자키현 니치난시),타마키신사(나라현 요시노군토츠카와무라),기타 전국 각지의 신사

◆ 진무천황의 기본 성향-화혼카드 황혼카드 공통사항

타입	강인한 남성
❖상징성	노력
❖인간관계	느낌에 따른다
❖언행의 중심축	자신의 직감을 중심으로 행동한다
❖지향하는 바	성공자가 되는 것
❖개선하는 방법	흐름에 몸을 맡긴다
❖진로	자유와 명성에 따른다
❖가치관	정해져 있지 않고 유동적이다
❖사고력	감성적이다
❖행동력	신중하다
❖적재적소	위기에 대처하는 힘이 있다
❖사명감	직감을 단련한다

20-1 진무천황-화혼 카드

*화혼: 和魂(니기미타마)

신령의 정적인 상태에서의 다정하고 온화한 영력을 가리킨다.

◈ 자연의 진리

자연에 다가서다

살다가 정신을 차려보면 어떻게 이런 곳에 왔을까? 왜, 이 사람과 만나고 있는 걸까? 그런 일이 일어나고 있지 않나요? 만일 그러한 일이 일어나고 있다면, 당신은 자연의 섭리에 따라서 행동하고 있는 것입니다. 그 일로 인간의 지혜를 뛰어넘는 성과를 만들어 낼 수 있습니다. 번뜩임과 직감을 중요시해 주세요. 계획에 반항하는 것도 때로는 좋습니다.

◈ 진무천황의 오행과 상징 및 키워드

	화혼	키워드
◈ 오행	목(木)	-번뜩임과 직감
◈ 계절	2, 3, 4월(봄)	-다가서다
◈ 시간	3시~9시	-무의식
◈ 방위	동	-데자부
◈ 컬러	청색, 녹색	-왜
◈ 숫자	1, 2	-인간의 지혜를 뛰어넘다
◈ 덕목	인자함	-성과를 낳다
◈ 감정	분노	-하늘에 맡기다
◈ 본능	수비	-자연
◈ 아이템	허브, 관엽식물	-손을 떼다. 내버려두다
◈ 재능	연구, 설득력, 잡담	-계획에 반항하다
		-역설의 본질

20-2 진무천황-황혼 카드

*황혼: 荒魂(아라미타마)
용맹한 반면, 거칠고 전투적, 때로는 사람에게 재앙을 미치는
영력이며 신의 분노를 가리킨다고도 한다.

◈ 고독

목표는 바로 거기

고독을 느끼고 있지 않나요? 생각이 깊어지면 깊어질수록 어둠 속에 갇히고 두려움
을 느끼게 됩니다. 그 일로 주위 사람들이 떠날 지도 모릅니다. 그러나, 그것이야 말
로 자신의 깊은 생각으로 이어지는 순간입니다. 시대의 흐름에 몸을 맡기고, 당황하
지 않고 하늘에 맡깁니다. 고독을 느낀다면 목표는 바로 거기에 있을 겁니다.

◈ 진무천황의 오행과 상징 및 키워드

	황혼	키워드
▩ 오행	금(金)	-이탈자
▩ 계절	8, 9, 10월(가을)	-당황하지 않고
▩ 시간	15시~21시	-고독을 느낀다
▩ 방위	서	-목표는 거기
▩ 컬러	하얀색, 금색, 은색	-어둠 속
▩ 숫자	7, 8	-닫히다. 갇히다.
▩ 덕목	정의감	-두려움
▩ 감정	슬픔	-하늘에 맡기다
▩ 본능	공격	-몸을 맡기다
▩ 아이템	보석, 귀금속	-시대의 흐름
▩ 재능	승인, 설득력, 잡담	-이어지는 순간
		-깊은 사고

21.타케이와타츠노미코토

화혼카드

황혼카드

【카드 그림 설명】

진무천황의 손자인 타케이와타츠. 이 신은 아소산을 제압하는 신이다. 배경에는 아소의 외륜산을 확인할 수 있다. 타케이와타츠는 니니기로부터 화산을 제압해서 전답을 만들어 풍부한 나라를 만들도록 명을 받았다. 그래서 타케이와타츠는 전답을 만들려고 칼데라에 있는 호수를 무너뜨렸다. 그 물이 흘러내려서 멋지게 전답을 개척하였다. 또한 메기가 그려져 있는데, 이는 물이 흘러내리는 도중에 흐름을 막고 있던 큰 메기가 있었는데, 타케이와타츠가 이를 퇴치했다는 전승도 존재한다.

◈ 화산을 제압하고 혜택을 주는 신

신에 대한 설명

타케이와타츠는 아소산(阿蘇山)을 제압하는 신이다. 아소산이라고 하면 연기가 피어나는 화산구를 상상한다. 그러나 진짜 화산구는 아소분지(칼데라) 전체이다. 그 크기는 세계에서 유수의 칼데라로서 제 2위이다. 화산구인 칼데라에 철도를 깔고 5만명이 이주한 일은 그 유례를 찾아볼 수 없다. 이 칼데라는 약 9만년 전에 마지막 대분화를 일으켰는데, 야마구치현(山口県) 하기시(萩市)까지 피해를 끼쳤다. 이 화산을 제압하고 전답을 만들어, 풍성한 국가를 창건하도록 명을 받은 자가 바로 초대 진무천황의 손자인 타케이와타츠이다.

타케이와타츠는 아소신사의 제신이다. 아소신사는 약 2천3백년 전에 창건되었고, 타케이와타츠의 아들인 아소 씨의 자손이 현재도 신사의 다이구지(大宮司 신사 신직관리자)를 맡고 있다. 즉, 천황의 직계이다. 아소 칼데라는 물이 풍부하여 아소신사 주변에는 용천수가 흐른다. 시라카와(白川)수원은 매분 60톤이 흐른다고 한다. 74만명이 살고 있는 쿠마모토(熊本)시에서는 용천수를 수돗물의 수원으로 사용하고 있다. 이처럼 타케이와타츠는 화산을 제압하고 물을 끌어들여 전답을 개척한 신이다.

이즈모에 오오쿠니누시가 있듯이, 아소에는 타케이와타츠가 국가를 창건하고, 많은 국민에게 혜택을 주었다. 2016년 지진이 발생하여 쿠마모토현에 큰 피해를 입혔다. 이 때 중요문화재인 일본 3대 로우몬(楼門)의 하나인 로우몬과 하이덴(拝殿)도 파괴되었다.

이처럼 시대와 함께 다양한 어려움이 엄습한다. 인재, 천재, 기아, 불황, 전쟁. 다양한 어려움을 극복하고 오늘을 맞이하고 있다. 그것을 우리 시대에서 끝낼 수는 없다. 마찬가지로 우리들의 조상 또한 그러한 마음으로 지켜온 것이다.

【소질】

아소의 신. 개척의 신

【공덕】

개운, 사업발전, 장사번창, 오곡풍양, 임신

【별칭】

아소츠히코(阿蘇都彦), 아소츠히코노미코토(阿蘇津彦命), 아소노카미(阿蘇の神)

【계보】

진무천황의 손자

【신을 모시는 신사】

아소신사(쿠마모토현 아소시),아소산죠신사(쿠마모토현 아소시),코쿠조우신사(쿠마모토현 아소시),쿠사카베요시미신사(쿠마모토현 아소군타카모리마치),미타니신사(시마네현 이즈모시),키타오카신사(쿠마모토시 니시쿠),아소신사(후쿠오카시 죠난쿠),와카미야신사(쿠마모토현 시모마시키군미사토마치),호즈모리아소신사(쿠마모토현 시모마시키군미사토마치),토요후쿠아소신사(쿠마모토현 우키시),오기아소신사(쿠마모토시 미나미쿠),미야지신사시치쇼우구우(쿠마모토시 미나미쿠죠난마치),켄군신사(쿠마모토시 히가시쿠),아소신사(기후현 하시마시),아소신사(도쿄도 하무라시),아오이아소신사(쿠마모토현 히토요시시),오오카와아소신사(쿠마모토현 아먀토쵸),코이치료신사(쿠마모토현 아먀토쵸),오토코나리신사(쿠마모토현 카미마시키군야마토쵸),미마게아소신사(쿠마모토시 키타쿠),와타리아소신사(쿠마모토현 쿠마군),기타, 전국 각지의 신사

◆ 타케이와타츠노미코토의 기본 성향-화혼카드 황혼카드 공통사항

타입	태아
❈ 상징성	고독함
❈ 인간관계	이해 관계에 따른다
❈ 언행의 중심축	자신의 생각을 중심으로 행동한다
❈ 지향하는 바	실력자가 되는 것
❈ 개선하는 방법	변화를 준다
❈ 진로	돈과 재산에 따른다
❈ 가치관	자신의 굳은 신념으로 판단한다
❈ 사고력	감성적이다
❈ 행동력	활동적이다
❈ 적재적소	기획하는 힘이 있다
❈ 사명감	목표를 세우고 계획을 실행한다

21-1 타케이와타츠노미코토-화혼 카드

*화혼: 和魂(니기미타마)

신령의 정적인 상태에서의 다정하고 온화한 영력을 가리킨다.

◈ 기회

어려움을 격파하는 기분

당신의 눈앞에서 문제가 발생할 지도 모릅니다. 그 문제를 기회로 받아들일지? *핀
치로 받아들일지? 영웅은 문제가 발생하지 않으면 등장하지 않습니다. 문제를 기회
로 받아들이고, 일어선다면 큰 신뢰를 쟁취할 수 있습니다. 당신의 희생이 머지않아
큰 보답으로 돌아옵니다. 어려움을 타파하고 일어섭시다.

*핀치 : 매우 어렵거나 절박한 상태

◈ 타케이와타츠노미코토의 오행과 상징 및 키워드

	화혼	키워드
◈ 오행	화(火), 토(土)	-기회
◈ 계절	5, 6, 7월(여름)	-돌아오다
◈ 시간	9시~15시	-곤란, 어려움
◈ 방위	남, 남동, 북서	-눈앞의 문제
◈ 컬러	적색, 주황색, 황색, 갈색	-기회
◈ 숫자	3, 4, 5	-핀치, 위기
◈ 덕목	예의, 신뢰	-영웅, 히어로
◈ 감정	기쁨, 생각	-일어서다
◈ 본능	전달, 매력	-혜택
◈ 아이템	미술품, 커피	-대가의 선지불
◈ 재능	지위, 승인, 저축	-이겨내다, 쟁취하다
		-큰 신뢰

21-2 타케이와타츠노미코토-황혼 카드

*황혼: 荒魂(아라미타마)

용맹한 반면, 거칠고 전투적, 때로는 사람에게 재앙을 미치는 영력이며 신의 분노를 가리킨다고도 한다.

◈ 전진

변혁기의 방문

일과 연애 등으로 크게 고민하고 있지 않나요? 당신의 마음이 항상 변화하듯이, 변화하지 않는 것은 없습니다. 변혁기에 마음이 흔들리는 것은 당연한 일입니다. 과거에 집착하면 후퇴합니다. "고맙다."고 감사하며, 과거는 그대로 두고 전진하세요. 변화의 물결에 편승하면 일과 연애도 발전합니다.

◈ 타케이와타츠노미코토의 오행과 상징 및 키워드

	황혼	키워드
❖ 오행	수(水), 토(土)	-마음의 동요
❖ 계절	11, 12, 1월(겨울)	-발전
❖ 시간	21시~3시	-일
❖ 방위	북, 남서, 북동	-연애
❖ 컬러	검은색, 보라색, 황색, 갈색	-고민
❖ 숫자	9, 0, 6	-항상 변화
❖ 덕목	지혜나 지성, 신뢰	-변혁기
❖ 감정	공포, 생각	-전진
❖ 본능	습득, 매력	-누구도 나쁘지 않다
❖ 아이템	감실 (神棚), 따뜻한 색 조명	-과거를 팽개쳐 두다
❖ 재능	육성, 저축, 인망	-후퇴한다
		-과거에 집착

22.토요우케노오오카미

화혼카드	황혼카드

【카드 그림 설명】

토요우케는 곡물의 신으로 이세신궁의 외궁에 모셔져 있다. 토요우케는 치유되는 표정으로 표현되어 있고, 천녀의 옷을 입고 있다. 어느 날 탄바노쿠니 샘에 천녀가 물놀이를 하고 있었다. 그것을 본 노부부가 한 명의 천녀의 옷을 숨겼다. 옷을 잃어 버린 천녀는 하늘로 돌아 가지 못하고, 노부부의 양녀가 된다. 이 천녀가 토요우케이 다. 토요우케는 주조에 능하였는데, 그 술이 비싸게 팔려서 노부부는 부자가 되었다. 그녀의 손에는 술이, 발밑에는 벼가 자란다. 곡식을 추수하는 풍요로운 가을날이 배 경이다.

◈ 존경하는 신에게 신뢰를 얻은 신

신에 대한 설명

아마테라스가 "혼자서는 편히 식사를 할 수 없으니 토요우케를 가까이 불러들이라." 하였다. 그래서 탄바노쿠니(丹波国)에서 불러들였다. 즉, 토요우케는 곡물의 신으로 이세신궁의 외궁에 모셔지게 된 것이다.

당시 사람으로서 쌀과 물은 가장 중요한 음식이다. 그 물과 쌀이 결합하여, 사람을 쾌활하게 만드는 술은 매우 귀중한 것이었다. 이 일로도 알 수 있듯이 곡물의 신이 되는 연유일지도 모른다.

이세신도(伊勢神道)에서는 아마테라스를 모시는 내궁을 북극성, 외궁을 북두칠성으로 대응하게 하였다고 한다. 북두칠성은 국자 모양을 하고 있다. 국자를 의미하는 '두(斗)'가 토요우케의 '토(卜)'에 해당한다고 한다. 북두칠성은 부귀와 수명을 관장하는 신이다. 또 에도시대, 동경의 대상이던 이세 참배에서는 국자를 한 손에 쥐고 걸으면, 그 국자로 돈과 쌀 등의 보시를 받았던 것 같다.

아마테라스는 왜 다른 신이 아니라 토요우케를 가까이 두었을까? 그 일로 인해 다른 신사에 모시는 신보다도 숭배와 존경을 받는 존재가 되었다. 이것은 인간사회에서도 흔한 이야기다. 조직 속에는 리더도 있으면 매니저도 있다. 이것이야 말로 누구와 만나는 가에 따라서 그 사람의 인생은 크게 바뀐다는 것과 같다.

능력과 지식으로 인생을 개척하는 사람이 있는가하면 어떤 사람과의 인연으로 인생을 개척하는 사람도 있다. 그러한 사람의 일을 '인덕'이 있다고 한다. 바로 토요우케가 그러한 존재의 신이 아닐까?

특별히 뭔가 할 수 있는 것도 아니고, 어떤 장점이 있는 것도 아닌데, 곁에 있으면 치유되는 존재. 그런 사람이 있다. 세상에는 리더십이 중요하다고, 매니지먼트 능력이 중요하다고 한다. 그러나 그 어느 것도 아닌 삶도 있다. 그것이 토요우케이다.

【소질】

음식 신, 곡물 신

【공덕】

농업, 어업, 의식주의 모든 산업, 개운 초복, 액막이

【별칭】

토요우케노오오카미(豊受大神), 토요우케비메노카미(豊宇気美売神), 토유우케노카미(豊田宇気神), 토요우케노히메(豊受気媛)

【계보】

와쿠무스비의 자식

【신을 모시는 신사】

토요우케다이신궁게쿠우(미에현 이세시), 토요우케다이신궁케이다이타카노미야(미에현 이세시), 토요우케다이신궁모토이세게쿠우(교토부 후쿠치야마시), 나구신궁(교토부 미야즈시), 타키하라노미야(미에현 와타라이군), 유히신사(토야마현 히미시), 오카가미신사(토쿠시마현 이타노군이타노쵸), 카라카와신사(히로시마현 미하라시), 이세신사(오카야마현 오카야마시), 히로세타이샤(나라현 키타카츠라기군 카와이쵸), 미사키신사(후쿠이현 아와라시), 카라마츠신사(아키타현 다이센시), 이소베이나무라신사(이바라키현 사쿠라가와시), 니쇼야마다신사(야마구치현 슈난시), 이와다신사 구 흔적지(미에현 타키군메이와쵸), 하나나가카미신사(기후현 이비군이비가와쵸), 이치신사(교토부 쿄탄고시), 야호신사(효고현 아코우군카미고오리쵸), 마루타신사(교토부 쿄탄고시), 고사이신사(도쿄도 미야케무라), 오지로신사(효고현 미카타군카미쵸), 기타, 전국 신사

◆ 토요우케노오오카미의 기본 성향-화혼카드 황혼카드 공통사항

타입	아기
❀ 상징성	대자연
❀ 인간관계	신뢰 관계에 따른다
❀ 언행의 중심축	타인의 생각을 중심으로 행동한다
❀ 지향하는 바	인격자가 되는 것
❀ 개선하는 방법	수동적이다
❀ 진로	사랑과 우정에 따른다
❀ 가치관	정해져 있지 않고 유동적이다
❀ 사고력	감성적이다
❀ 행동력	활동적이다
❀ 적재적소	기획하는 힘이 있다
❀ 사명감	믿고 인내한다

22-1 토요우케노오오카미-화혼 카드

*화혼: 和魂(니기미타마)
신령의 정적인 상태에서의 다정하고 온화한 영력을 가리킨다.

◈ 인연

인생의 전기

당신의 인생이 크게 호전되려고 합니다. 사람, 장소, 물건 등 인연이 있는 곳에 매료 됩니다. 이사나 직장을 옮기기에 매우 좋은 시기입니다. 여행지에서 그대로 눌러 살 수도 있고, 대담한 변화가 있는 분도 있겠죠. 직급이 아니라 당신의 사람됨이 좋은 평가를 받고, 지금까지와는 전혀 다른 역할을 맡게 될 것입니다. 이것은 매우 좋은 변화입니다.

◈ 토요우케노오오카미의 오행과 상징 및 키워드

	화혼	키워드
◈ 오행	목(木)	-이직
◈ 계절	2, 3, 4월(봄)	-다른 역할
◈ 시간	3시~9시	-인생의 전기
◈ 방위	동	-호전
◈ 컬러	청색, 녹색	-사람, 장소, 물건
◈ 숫자	1, 2	-끌어당기다
◈ 덕목	인자함	-이사
◈ 감정	분노	-인연
◈ 본능	수비	-사람됨, 인품
◈ 아이템	허브, 관엽식물	-사회적 지위
◈ 재능	표현력, 커뮤니케이션, 인맥	-대담한 변화
		-여행

22-2 토요우케노오오카미-황혼 카드

*황혼: 荒魂(아라미타마)
용맹한 반면, 거칠고 전투적, 때로는 사람에게 재앙을 미치는
영력이며 신의 분노를 가리킨다고도 한다.

◈ 불안정
에너지 부족

에너지가 심각하게 부족합니다. 이대로 라면 판단력이 떨어지고, 마음의 안정을 유지하지 못해 건강을 해칠 수가 있습니다. 가공품과 기한이 다된 것을 먹지말고 기가 충만하고 신선한 제철 농산물을 고르도록 명심하세요. 다이어트와 건강에 무관심한 습관도 고쳐야 합니다. 중심축이 흔들리기 쉽네요. 누군가와 상담하여 결단을 내리는 것이 중요합니다.

◈ 토요우케노오오카미의 오행과 상징 및 키워드

	황혼	키워드
❖ 오행	금(金)	-건강
❖ 계절	8, 9, 10월(가을)	-축이 흔들리다
❖ 시간	15시~21시	-불안정
❖ 방위	서	-에너지 부족
❖ 컬러	하얀색, 금색, 은색	-판단력
❖ 숫자	7, 8	-둔하다
❖ 덕목	정의감	-마음의 안정
❖ 감정	슬픔	-상담
❖ 본능	공격	-건강에 무관심
❖ 아이템	보석, 귀금속	-다이어트
❖ 재능	크리에이티브, 최첨단, 아이디어	-신선. 제철
		-인스턴트

23.우카노미타마노미코토

【카드 그림 설명】

우카노미타마는 이나리신사의 제신이다. 원래 이나리신사는 백제에서 건너온 진씨가 신앙하던 신사인데, 진씨는 농경, 토목, 철강 등에 뛰어났다. 국민도 진씨의 가르침대로 농경에 힘쓰고, 오곡 풍양의 혜택을 받았다. 그 후, 오곡 풍양의 신으로 우카노미타마가 모셔진다. 손에는 오곡 풍양의 신을 나타내는 벼가, 배경은 이나리신사의 토리이가 보인다.

여우는 이나리의 사자다.

◆ 국민의 마음을 휘어잡은 이익의 신

신에 대한 설명

우카노미타마는 이나리신사(稲荷神社)의 제신이다. 원래 이나리신사는 백제에서 건너온 진(秦)씨가 신앙하던 신사이다. 진씨는 농경, 토목, 철강 등에 뛰어났다. 진씨를 중용한 호족은 크게 발전하였다. 국민도 진씨의 가르침대로 농경에 힘쓰고, 오곡 풍양의 혜택을 받았다. 진씨가 모시는 신사가 있었다. 여기에 기도하면 어떤 이익이 있는 것이 아닌가 하고, 대부분의 국민은 빠짐없이 참배하였다. 그 후, 오곡 풍양의 신으로 우카노미타마가 모셔진다.

에도시대 국민의 80%는 농가였다. 그 때문에 오곡 풍양의 신으로 이나리신사는 전국으로 퍼졌다. 뿐만 아니라, 시대가 변화하고 농업에서 공업, 상업으로 발전하면서 산에 가면 오곡풍양, 바다에 가면 대어의 신 그리고 도시에 가면 사업 번창의 신으로 발전을 거듭하였다. 나라를 지탱하는 데 식료품은 필수다. 그 나라를 떠받친 것은 대부분의 국민이었다. 그 국민에게 작은 희망으로 이익을 가져다준 이나리신사는 크게 번영하였다.

이나리노카미(稲荷神)의 신사가 신사 중에서도 원기가 좋은 것은 전통에 얽매이지 않고, 번영하기 위해 새로운 것에 도전하고 진화했기 때문인지도 모른다. 이나리신사는 일부의 종교단체와 같은 개인 소유물이 아니라, 신도의 전통에 따라서 확고한 신사의 역할 그 틀 속에서 노력해 왔다. 이나리신사의 제신인 우카노미타마는 번영의 신, 대응의 신, 유연성의 신이라고도 한다. 시대에 따라서 사람은 '전통', '진화'로 이분하여 대립한다. 그 중에서 전문가란 전통을 중요시하고, 세상의 변화에 대응하며 계속 진화하는 자이다.

사람은 혼자서 살 수 없다. 그렇다고 해서 사람에게 의지하기도 쉽지 않다. 그래서 신에게 의지하면서 신이 도와줄 것으로 믿으며 위로받았다. 신도는 '교(教)'가 아니라 '행(行)'이다. 그러나 누구나가 그 깊은 경지에 도달하는 것은 어렵다. 사람에게는 각각의 성장 과정이 있듯이, 우카노미타마도 마찬가지로 진화하고 성장해 오지 않았을까?

【소질】

오곡풍양의 신, 모든 산업 번성의 신, 농경신, 곡령의 신, 상공업신

【공덕】

사업 번창, 예능 숙달, 가내 안전, 오곡풍양

【별칭】

오이나리상, 우카노미타마(宇賀御魂), 우카노미타마(倉稻魂), 이나리노카미 (稻荷神), 오오모노이미(大物忌)

【계보】

스사노오의 자식 또는 이자나기, 이자나미의 자식

【신을 모시는 신사】

후시미이나리다이샤(교토시 후시미쿠),오우지이나리신사(도쿄도 키타쿠),카사마이나리신사(이바라키현 카사마시),유우토쿠이나리신사(사가현 카시마시),카사모리이나리신사(오사카후 타카츠키시),오바타신사(미에현 이세시),아시하라신사(미에현 이세시),카와조에신사(미에현 타키군오오다이쵸),하나즈라이나리신사(나가노현 사쿠시),토요사카이나리신사(토야마현 토야마시),토요사카이나리신사(도쿄도 시부야쿠),아시이나바신사(토쿠시마현 이타노군카미이타쵸),오오사키신사(니이가타현 미나미우오누마시),츠키타신사(니이가타현 산죠시),카쿠미신사(토야마현 히미시),타케코마신사(미야기현 이와누마시),겐쿠로우이나리신사(나라현 야마토코오리야마시),타이코다니이나리신사(시마네현 카노아시군츠와노쵸),타카하시이나리신사(쿠마모토현 쿠마모토시),시와이나리신사(이와테현 시와군시와쵸),기타, 전국의 이나리신사

◆ 우카노미타마노미코토의 기본 성향-화혼카드 황혼카드 공통사항

타입	제자리를 지키다
徽 상징성	몽상
徽 인간관계	이해관계에 따른다
徽 언행의 중심축	자신의 생각을 중심으로 행동한다
徽 지향하는 바	실력자가 되는 것
徽 개선하는 방법	육체를 단련한다
徽 진로	돈과 재산에 따른다
徽 가치관	자신의 굳은 신념으로 판단한다
徽 사고력	감성적이다
徽 행동력	신중하다
徽 적재적소	위기에 대처하는 힘이 있다
徽 사명감	목표를 세우고 계획을 실천한다

23-1 우카노미타마노미코토-화혼 카드

*화혼: 和魂(니기미타마)
신령의 정적인 상태에서의 다정하고 온화한 영력을 가리킨다.

◈ 결의

축복하다

당신이 갖고 싶은 것이 손에 들어옵니다. 그러기 위해서는 내게서 매우 소중한 것을 포기해야 할지도 모릅니다. 하지만 이러한 이치를 받아들임으로써 더욱 명확하게 드러나는 것이 있을 것입니다. 이 인생에서 갖고 싶은 것을, 정확히 표상화하고, 말에 내재하는 신령스러운 힘을 실어서 소리 내어 외칩니다. 결의를 축복하는 것으로, 기도는 하늘에 닿아 많은 도움을 얻을 수 있습니다. 소원성취에 감사하는 마음으로 신불에 참배하는 것도 잊지 말아야 합니다.

◈ 우카노미타마노미코토의 오행과 상징 및 키워드

	화혼	키워드
❖ 오행	화(火), 토(土)	-행동력
❖ 계절	5, 6, 7월(여름)	-협력을 얻다
❖ 시간	9시~15시	-갖고 싶은 것
❖ 방위	남, 남동, 북서	-명확히 한다
❖ 컬러	적색, 주황색, 황색, 갈색	-손에 넣다
❖ 숫자	3, 4, 5	-없으면 곤란한 것
❖ 덕목	예의, 신뢰	-반석
❖ 감정	기쁨, 생각	-소원성취의 사례로 신불에 참배
❖ 본능	전달, 매력	-하늘에 닿디
❖ 아이템	미술품, 커피	-결의
❖ 재능	크리에이티브, 커뮤니케이션, 인맥	-기도 -말에 내재하는 강한 힘

23-2 우카노미타마노미코토-황혼 카드

*황혼: 荒魂(아라미타마)

용맹한 반면, 거칠고 전투적, 때로는 사람에게 재앙을 미치는
영력이며 신의 분노를 가리킨다고도 한다.

◆ 좋아하는 것

제멋 대로 살다

불평불만을 투덜거리다보면 자신도 모르게 변화의 물결에 휩쓸리고 맙니다. 당신이
소중하게 생각하는 것은 무엇인가요? 당신이 좋아하는 것은 무엇인가요? 타인의 볼
썽사나운 일에 관심을 갖지 말고, 자신이 좋아하는 것에 관심을 가지세요. 싫은 것은
타인의 인생. 좋은 것은 자신의 인생. 마음 내키는 것에 관심을 가지고 자신의 인생
길을 걸어갑시다.

◆ 우카노미타마노미코토의 오행과 상징 및 키워드

	황혼	키워드
❖오행	수(水), 토(土)	-싫어하는 일
❖계절	11, 12, 1월(겨울)	-자신의 인생
❖시간	21時~3時	-불평불만
❖방위	북, 남서, 북동	-변화하지 않는다
❖컬러	검은색, 보라색, 황색, 갈색	-먹히다. 휩쓸리다
❖숫자	9, 0, 6	-중요한 것
❖덕목	지혜나 지성, 신뢰	-좋아하는 것
❖감정	공포, 생각	-마음 내키는 데로 살다
❖본능	습득, 매력	-타인의 인생
❖아이템	감실 (神棚), 따뜻한 색 조명	-눈을 돌리는 것
❖재능	크리에이티브, 표현, 행동력	-자신이 싫어하는 것
		-타인이 싫어하는 것

24.아마테라스오오미카미

다른 신들이 2장으로 배정된 것과 달리 '아마테라스오오미카미' 신은 4장의 카드가 배정되어 있다. '화혼', '황혼', '행혼', '기혼'이다.

화혼카드	황혼카드

행혼카드	귀혼카드

【카드 그림 설명】

아마테라스는 많은 신들 중에서도 가장 고귀한 신이자, 태양의 신, 천황의 조상신, 그리고 이세신궁의 제신이다. 아마테라스의 손에는 거울이, 목에는 구슬이 보인다. 이는 일본신화에 있어서 천손 강림 시, 아마테라스가 니니기에 준 삼종 신기다. 아마테라스는 2개만 지니고 있는데 삼종 신기의 나머지 하나인 쿠사나기노츠루기(검)은 나중에 스사노오가 그녀에게 바치게 되기 때문에 지금은 나와있지 않다. 배경에는 그녀를 상징하는 태양이 떠있다. 그 빛이 바다나 산, 식물 등에게 은혜를 주고 있는 장면을 그렸다.

◈ 자연계에 계속 내주는 존귀한 신
신에 대한 설명

아마테라스는 모든 신들(八百万の神) 중에서도 가장 존경받는 신이다. 태양을 담당하는 태양신, 천황의 조상신(祖神), 그리고 이세신궁의 제신(祭神)이다. 천황은 이 아마테라스를 받들어 모시고, 국민의 번영과 세계 평화를 기원한다.

아마테라스가 타카마가하라(高天原 천계)에서 아시하라노나카츠쿠니(葦原中国 지상)로 내려온 니니기노미코토에게 명한 삼대신탁(三大神勅)이 있다. 그 하나가 '호우쿄호우사이노신탁(宝鏡奉斎の神勅)'이다. 아마테라스는 거울(かがみ)을 건네며 "이 거울을 나라고 생각하고 자신을 비추고 자성하라. 만일 사욕에 의해 국민을 괴롭히는 듯한 '가(자신)'가 비친다면 그 '가(자신)'를 제거하라"고 말한다. '카가미(거울)'에서 '가(자신)'를 제거하면 '카미(신)'가 된다.

이리하여 거울을 모시고, 감사하고, 새로운 결의를 다지고, 마지막으로 기원한다. 이것이 신사 참배의 시작이다. 바른 참배는 처음에 '감사'하고 '결의'하고 그리고 마지막에 '기원'한다. 천황은 궁중 세 신전(三殿)에서 연간 20회 이상의 제사를 지내고, 국민의 번영과 세계의 평화를 기원한다. 아무 일도 없이 평화롭게 지내는 것에 대해 감사하고, 이 나라의 군주임을 자각하고 국민의 번영을 기원한다.

또 아마테라스는 양위 때, 오오쿠니누시에게 다음과 길이 전하고 있다. "당신이 힘으로 의해 쟁취한 이 *우시하쿠 나라는 원래 내가 통치하는 *시라스의 나라다."라고, 아마테라스가 분부한다.

우시하쿠의 나라의 국민은 강자의 소유물이 되어버리기 때문에, 아마테라스는 "시라스의 나라."라고 하였다. 지금부터는 국민이 주역이 되는, 자애로 충만한 주위를 비추는 태양처럼 모두를 행복하게 할 수 있는 그런 세상을 꿈꾸었다.

*시라스 : 천황이 나라를 통치 하는 것
*우시하쿠 : 전쟁으로 나라를 통치하는 것

【소질】

태양신, 타카마가하라(高天原)의 주신, 황제 조상신, 일본의 수호신

【공덕】

국토 평안, 무사함, 복덕, 개운, 승운, 모든 신덕을 발휘

【별칭】

아마테라스(天照大神), 아마테라스오오미카미(天照大御神), 텐쇼코우타이진(天照皇大神), 오이세사마(お伊勢樣), 신메이사마(神明樣) 등

【계보】

이자나키의 자식

【신을 모시는 신사】

이세신궁의나이쿠우(미에현 이세시),아마노이와토신사(미야자키현 타카치호쵸),이자와노미야(미에현 시마시),히노쿠마신궁,쿠니카카스신궁(와카야마현 와카야마시),타키하라노미야(미에현 와타라이군),히무카이다이신궁(교토시 야마시나쿠),히로타신사(효고현 니시노미야시),코우타이신사(교토부 후쿠치야마시),야마구치다이신궁(야마구치현 야마구치시),오오히루메무치신사(아키타현 카즈노시),야쿠라히메신사(토쿠시마현 토쿠시마시),코노신사(교토부 미야즈시),이소노신사(에히메현 사이죠시),하마노미야(와카야마현 와카야마시),아키신사(나라현 우다시),사카타신메이구우(시기현 마이바라시),나기바야시신사(기후현 안파치군),우와토신사(기후현 안파치군),사카미신사(아아치현 이치노미야시),칸베코우타치신메이샤(미에현 마츠사카시),기타, 전국 신메이신사

◆ 아마테라스오오미카미의 기본 성향–화혼, 황혼, 행혼, 기혼카드 공통사항

타입	회장
❀ 상징성	실제적인 이익
❀ 인간관계	신뢰 관계에 따른다
❀ 언행의 중심축	타인의생각을 중심으로 행동한다
❀ 지향하는 바	인격자가 되는 것
❀ 개선하는 방법	상담한다
❀ 진로	사랑과 우정에 따른다
❀ 가치관	정해져 있지 않고 유동적이다
❀ 사고력	이론적이다
❀ 행동력	신중하다
❀ 적재적소	관리하는 힘이 있다
❀ 사명감	믿고 인내한다

24-1 아마테라스오오미카미-화혼 카드

*화혼: 和魂(니기미타마)

신령의 정적인 상태에서의 다정하고 온화한 영력을 가리킨다.

◈ 은혜

신은 항상 보고 있다

당신에게는 덕이 있습니다. 신은 당신의 덕을 가장 잘 알고 있습니다. 주위에서 평가받지 못해도 신은 확실히 당신을 보고 있습니다. 지금부터 일어나는 일은 그 덕에 대해 신이 주는 보상입니다. 주어진 혜택을 정확히 받습니다. 또 그 보상은 태양빛처럼 나누어 비추니 당신과 주위를 번영으로 인도해 줄 것입니다.

◈ 아마테라스오오미카미의 오행과 상징 및 키워드

	화혼	키워드
✿ 오행	목(木)	-혜택
✿ 계절	2, 3, 4월(봄)	-번영
✿ 시간	3시~9시	-은혜
✿ 방위	동	-덕
✿ 컬러	청색, 녹색	-신이 보고있다
✿ 숫자	1, 2	-평가
✿ 덕목	인자함	-보수
✿ 감정	분노	-인도
✿ 본능	수비	-주위
✿ 아이템	허브, 관엽식물	-나누어 주다
✿ 재능	커뮤니케이션, 인맥, 인기	-태양
		-받아들이다

24-2 아마테라스오오미카미-황혼 카드

*황혼: 荒魂(아라미타마)

용맹한 반면, 거칠고 전투적, 때로는 사람에게 재앙을 미치는 영력이며 신의 분노를 가리킨다고도 한다.

◆ 미지

과제에 최선을 다하자

미래에 대한 불안감을 갖고 있지 않나요? 미래를 예지하는 재능이 있기때문에 걱정거리가 생기는지도 모릅니다. 그러나 걱정거리의 90%는 실제로 일어나지 않습니다. 당신이 정말로 생각해서 되는 것은 단지 10%입니다. 필요한 10%는 무엇인가요? 작은 근심거리만을 생각하고 있으면, 그 근심거리가 실재로 생기고 맙니다. 문제로 생각하지 마시고 과제로 받아들이세요.

◆ 아마테라스오오미카미의 오행과 상징 및 키워드

	황혼	키워드
❈ 오행	금(金)	-재능
❈ 계절	8, 9, 10월(가을)	-작은 근심거리
❈ 시간	15시~21시	-불안
❈ 방위	서	-느끼다
❈ 컬러	하얀색, 금색, 은색	-근심거리
❈ 숫자	7, 8	-미래
❈ 덕목	정의감	-예지하다
❈ 감정	슬픔	-생기다
❈ 본능	공격	-과제에 몰두하다
❈ 아이템	보석, 귀금속	-10%의 중요한 생각을 하자
❈ 재능	크리에이티브, 최첨단, 아이디어	-일어나지 않는다
		-90%의 불필요한 걱정은 버리자

24-3 아마테라스오오미카미-행혼 카드

*행혼: 幸魂(사키미타마)
사람에게 행복을 주는 영력을 가리킨다.

◈ 일류
나를 버리다

스킬과 테크닉에 집착하고 있지 않나요? 그 일로 자아가 강해지지 않았나요? 일류가 되는 사람이란 모든 일을 결정하면서 자아를 버리는 것입니다. 카가미(거울)에서 가(자신)를 떼어내면 카미(신)이 됩니다. 신과 같은 사람이란 자아가 없는 사람을 말합니다. 즉 자기만이 최고라 생각하는 오만함이 없는 것을 말합니다. 먼저 자신이 누구인지를 분명히 해주세요. 자신은 어떤 인물이 되고 싶은 가요? 자신만이 풍성해지면 좋은 가요? 혜택은 나눠 주는 것으로 되돌아옵니다.

◈ 아마테라스오오미카미의 오행과 상징 및 키워드

	행혼	키워드
❁ 오행	목(木)	-신과 같은 사람
❁ 계절	2, 3, 4월(봄)	-혜택
❁ 시간	3시~9시	-일류
❁ 방위	동	-스킬
❁ 컬러	청색, 녹색	-테크닉
❁ 숫자	1, 2	-자아
❁ 덕목	인자함	-제거하다
❁ 감정	분노	-나누어 주다
❁ 본능	수비	-풍성함이란
❁ 아이템	허브, 관엽식물	-어떤 인간
❁ 재능	표현력, 커뮤니케이션, 인맥	-분명히
		-누구

24-4 아마테라스 오오미카미-기혼 카드

*기혼: 奇魂(쿠시미타마)
신기한 힘을 가지고 일을 성취시키는 영력을 가리킨다.

◆ **덕**

덕을 깨닫다

그저 당신이 있는 것만으로 행복하다고 느끼고 있는 사람이 있습니다. 마찬가지로 그 사람이 있는 것만으로 행복하다고 느끼는 사람은 없나요? 지금 당신의 덕이 시험을 받고 있습니다. 당신 주위에 공덕을 쌓고 있는 사람이 없나요? 그 사람은 누구일까요? 또한 어떤 공덕인가요? 그 덕을 느꼈다면 감사의 말을 전해 주세요. 덕이란 쌓는 사람이 아니라 사람이 쌓은 덕을 깨닫는 사람에게 쌓이는 것입니다.

◆ 아마테라스오오미카미의 오행과 상징 및 키워드

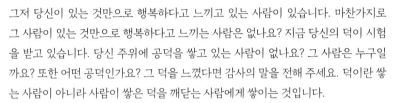

	기혼	키워드
✸ 오행	목(木)	-덕이 시험을 받다
✸ 계절	2, 3, 4월(봄)	-전하다
✸ 시간	3시~9시	-당신의 존재
✸ 방위	동	-있는 것만
✸ 컬러	청색, 녹색	-행복
✸ 숫자	1, 2	-당신 주위
✸ 덕목	인자함	-덕을 쌓는 사람
✸ 감정	분노	-갖춰지다
✸ 본능	수비	-감사
✸ 아이템	허브, 관엽식물	-알아채다
✸ 재능	표현력, 커뮤니케이션, 인맥	-이미 존재하는 것
		-음덕

저자 프로필

小坂達也(코사카 타츠야)

나가사키 현에서 출생.

1991년, 몸 하나로 신사불각(神社仏閣). 일반주택 기와공업사를 창업한다.

현재 나가사키 현을 대표하는 기와 회사로 성장. 그 후 간수 붐을 이끌고 다양한 미디어에서 소개한다. 중소기업백서에도 게재되고 국회에도 제출되었다.

중소기업청이 제작한 TV 방송 챌린지 21 특별 방송을 통해 전국에 소개되었다.

그후, 일본의 전통 정신을 되살리기 위해 2012년부터 일본 창생을 목표로 해 강연 활동을 이어오고 있다.

2016년, 야오요로즈노카미八百万の神의 카드를 자비로 출판해서 발매하였다.

2만5천개 판매되었다.

2019년 일본 신들의 개운 책을 출판한다.

야오요로즈노카미(모든 신)의 개운 달력을 개발하고 개성을 활용하는 완전히 새로운 도덕 『퍼스널 모럴』을 개발하고 제안하였다.

카드 점을 커뮤니케이션에 활용한 커뮤니케이션 카드 점 강좌를 개최한다.

개시부터 3년, 매회 만원 사례인 인기 강좌가 되었다.

타쿠미匠프로모션 주식회사

이하 그룹 기업 4개사 경영

저서

운은 매초로 열린다. 運は毎秒で開ける

일본의 신들의 개운 책　日本の神さま開運Book

야오요로즈노카미 오라클 카드八百万の神オラクルカード

지금부터 시작하는 간수 생활今日から始めるにがり生活

건강을 책임지는 천연 간수健康をつくる天然にがり

영상

신도 다큐멘터리 영화神道ドキュメンタリー映画(감독. 각본)

역자 프로필

고 경 아

30년 넘는 기간동안 전세계 점술을 연구하고 더욱 쉽게 사용할 수 있도록 끊임 없이 제품을 개발한 끝에 2016년 황금시대 출판사를 등록하고, 2020년 (주)골든에이지 임원, 프라임뮤즈 대표 작가로 활동하며, 약 10여개의 타로카드 및 서적을 출판하였다.

2012년부터 현재까지 서울 압구정동에 오프라인 타로샵을 운영중에 있으며, 2023년 일본 후쿠오카에 (주)골든에이지 일본 법인을 설립하여 대표직을 맡고 있다.

또한 점술과 관련된 모든 분야를 일반 사용자들이 더욱 쉽게 사용할 수 있도록 온라인/오프라인 교육을 통해 인재 양성이 힘을 쏟고 있으며, 현재까지도 중국, 일본, 미국 등 전세계 대표작가들과 협업하여 퍼블리싱/디렉팅 작업을 진행하며, 한국 점술 산업에 기여하고 있다.

저서 · 타로카드
만신1 오라클카드 · 만신2 타로카드 · 사계화투 오라클카드
궁궐비사 오라클카드 · 해어화 오라클카드 · 야생화 오라클카드
어린왕자 타로카드 · 페어리테일 타로카드 · 조커 타로카드
크리스탈 힐링 차크라 오라클카드 · 카르마 오라클카드 · 카르마 솔루션카드
스타차일드 오라클카드 · 붓다 타로카드
만신1 학습용 참고서 · 만신2 학습용 참고서

역서
야오요로즈노카미 오라클 카드 · 일본만신 오라클 카드

저자	코사카 타츠야 (小坂達也)
역자	고경아, 시게마츠 마야
초판인쇄	2024년 01월 05일
출판사	황금시대
주소	서울특별시 강남구 논현로 164길 18, 청오빌딩 지하1층
출판등록	2016년 12월 8일 (제2016-000372호)
공식수입원	(주)골든에이지
공식판매처	프라임뮤즈
대표전화	070. 7764. 7070
교육문의	010. 7141. 8794
홈페이지	www.primemuse.com
이메일	support@primemuse.com

ISBN : 979-11-91632-20-0
ISBN : 979-11-91632-21-7